Fais bien et espère   *Fac et spera*

LES TRIGANT

SOUVENIRS DE FAMILLE

LEURS ALLIANCES
NOTICE SUR BEAUCOUP DE FAMILLES DE LA NOBLESSE
ET DE LA CI-DEVANT HAUTE BOURGEOISIE DU BORDELAIS, LIBOURNAIS, PÉRIGORD
ET SAINTONGE
ANECDOTES CURIEUSES — LES ANGLAIS EN GUYENNE
LES PERSÉCUTIONS RELIGIEUSES APRÈS LA RÉVOCATION DE L'ÉDIT DE NANTES
MONTESQUIEU — LA COUR DE LOUIS XVI — LES ÉTATS-UNIS
SAINT-DOMINGUE, LES ANCIENS PROPRIÉTAIRES, LES FONCTIONNAIRES
LA RÉVOLUTION, L'INDÉPENDANCE, etc.
LES D'ORLÉANS — LA POLOGNE
JEUNESSE DE NAPOLÉON 1er EN CORSE, SA FAMILLE
LES MINISTRES DECAZES, LEUR FAMILLE
NOTICES SUR LA VIE DU GÉNÉRAL BARON CAMPI
AIDE DE CAMP DE MASSÉNA
ET DE L'AMBASSADEUR ANDRÉ CAMPI
SUCCESSEUR DU PRINCE LUCIEN A MADRID
M. LIOT ET SES MISSIONS A SAINT-DOMINGUE

PAR

Le Baron Maxime TRIGANT DE LA TOUR

Membre du Conseil Héraldique de France

1895-1896

Prix : 5 francs

Chez l'auteur à Neuilly-sur-Seine (quartier St-James)
3, rue du Général Henrion-Bertier, et dans toutes les librairies

BERGERAC

IMPRIMERIE GÉNÉRALE DU SUD-OUEST (J. CASTANET)
3, rue Saint-Esprit

LES TRIGANT

SOUVENIRS DE FAMILLE

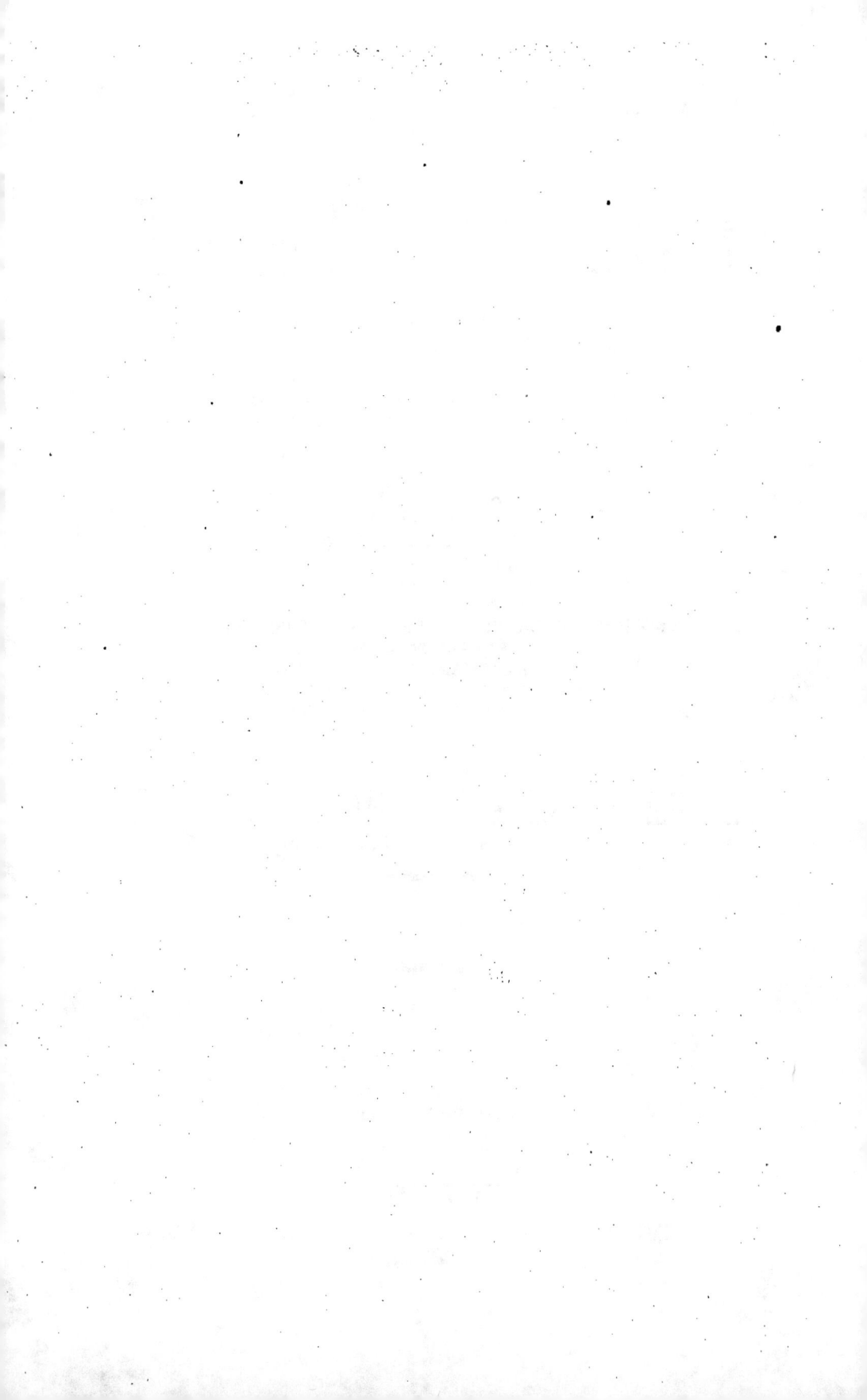

Fais bien et espère   *Fac et spera*

LES TRIGANT

SOUVENIRS DE FAMILLE

LEURS ALLIANCES
NOTICE SUR BEAUCOUP DE FAMILLES DE LA NOBLESSE
ET DE LA CI-DEVANT HAUTE BOURGEOISIE DU BORDELAIS, LIBOURNAIS, PÉRIGORD
ET SAINTONGE
ANECDOTES CURIEUSES — LES ANGLAIS EN GUYENNE
LES PERSÉCUTIONS RELIGIEUSES APRÈS LA RÉVOCATION DE L'ÉDIT DE NANTES
MONTESQUIEU — LA COUR DE LOUIS XVI — LES ÉTATS-UNIS
SAINT-DOMINGUE, LES ANCIENS PROPRIÉTAIRES, LES FONCTIONNAIRES
LA RÉVOLUTION, L'INDÉPENDANCE, etc.
LES D'ORLÉANS — LA POLOGNE
JEUNESSE DE NAPOLÉON Ier EN CORSE, SA FAMILLE
LES MINISTRES DECAZES, LEUR FAMILLE
NOTICES SUR LA VIE DU GÉNÉRAL BARON CAMPI
AIDE DE CAMP DE MASSÉNA
ET DE L'AMBASSADEUR ANDRÉ CAMPI
SUCCESSEUR DU PRINCE LUCIEN A MADRID
M. LIOT ET SES MISSIONS A SAINT-DOMINGUE

PAR

Le Baron Maxime TRIGANT DE LA TOUR

Membre du Conseil Héraldique de France

1895-1896

Prix : 5 francs

Chez l'auteur à Neuilly-sur-Seine (quartier St-James)
3, rue du Général Henrion-Bertier, et dans toutes les librairies

BERGERAC

IMPRIMERIE GÉNÉRALE DU SUD-OUEST (J. CASTANET)

5, rue Saint-Esprit

REMERCIEMENTS

L'auteur est heureux de saisir, ici, avec em-pressement une nouvelle occasion de témoigner sa vive gratitude à ses collègues du *Conseil Héraldique,* M. le comte de Saint-Saud et M. Pierre Meller pour les notes qu'ils ont bien voulu lui communiquer et qui lui ont été si utiles, pour les commencements du présent ouvrage.

LES TRIGANT

PREMIÈRE PARTIE

—

CHAPITRE I

**Origines de la famille, ses armes, ses seigneuries. —
Illustrations de la maison.**

Les Trigant ont une illustre origine, tous en effet descendent d'Edward Tyrgan dit *Trigant*, fils d'Henri III
(Plantagenet) roi d'Angleterre, et d'une grande dame
irlandaise lady Tyrgan. Cet Edward vint en France avec
le roi son père.

Les armes de cette famille sont : *d'azur, à deux lions* (1)
affrontés d'argent, soutenus d'une terrasse de sinople, au
chef d'argent chargé d'un croissant de gueules.

---

(1) Depuis Richard Cœur de Lion, les rois d'Angleterre portaient ces
armes; le Prince Noir y ajouta un croissant. (Extrait du livre « Les
cahiers d'une élève de Saint-Denis »).

1

Supports : *un lion et un griffon.*

Devise : *Fac et spera.*

Couronne : de comte depuis Louis XVI, auparavant on a trouvé sur ces armes celle de marquis (1).

Comme on le verra plus loin, une branche de la famille (les Courthieu-Boisset) ayant été anoblie en France, en 1697 adopta d'autres émaux pour l'écu, prit d'autres supports et timbra du casque de front.

Les Trigant portent aussi des armes qui d'après une tradition seraient celles de l'origine, elles sont *d'or ou d'argent à tro.s gants de sable (Armorial du Périgord,* édition 1891, par Froidefond de Boulazac) (2).

Quelques-uns seulement des descendants d'Edward Tyrgan adoptèrent le nom de Trigant, les autres gardèrent une forme plus anglaise du nom : Tirgant ; ou sont connus en Périgord dès le xiie siècle sous le nom de *Tiragan.*

La famille garde toujours une petite bonbonnière qui aurait été donnée par le roi Henri III d'Angleterre à la mère d'Edward Trigant ; cette boîte de forme ronde plate dessus et dessous, est en écaille blonde, doublée d'or et garnie de quatre cercles de même métal, son épaisseur est un doigt, son diamètre, sept ou huit centimètres environ ; dessus, une miniature très fine qui parait n'avoir qu'un peu plus de deux siècles, c'est assez dire que nous ne croyons pas à l'authenticité de l'origine attribuée à cette boîte.

---

(1) Les bourgeois en France timbraient d'une couronne de marquis ou de comte le casque leur était interdit.

(2) Nous croyons ces armes fantaisistes et peu anciennes. Au reste la seule preuve de cette tradition est un cachet de vers 1750 (propriété de M. Edgar Trigant-Geneste), qui était celui de son arrière grand oncle Nicolas-Jean-François Trigant de Geneste, chevalier de Saint-Louis, garde du corps du roi Louis XVI.

Les Trigant ont possédé en Périgord, Libournais, Bordelais et Saintonge, un grand nombre de seigneuries, ou de terres arrentées pour lesquelles l'hommage était dû.

On connaît :

La Bahir.

Batier. — A la Roche-Chalais (Dordogne). Sur l'ancien territoire de Saint-Michel-de-Rivière. — La maison n'existe plus.

Beaumard.

Beaumont.

Bellair.

Bellevue.

Boisset. — A Saint-Christophe-de-Double (Gironde).— Le petit repaire est la propriété de *M. Lapeyre*, avocat, maire de la Roche-Chalais. Mais une ancienne ferme appartient encore à *Mme Dubourg*, née Trigant de Boisset. Et M. Pierre Guillaume Edouard (dit Joachim) Trigant-Courthieu y possède une propriété qu'il habite.

Brau. — Seigneurie en fief noble, à Bonzac. — Duché de Fronsac (Gironde).

Bruant. — Sur les territoires de la Roche-Chalais et de Saint-Michel-de-Rivière (Dordogne), appartient à *M. Broca*, fils d'une Trigant.

Le Chalaure (en partie). — Mainement et village réuni à la commune des Eglisottes (Gironde), fief de l'Ordre de Malte. Une des anciennes fermes appartient actuellement à *M. le baron de Vigent*, fils d'une

Trigant. Beaucoup de précieux papiers de famille furent brûlés dans l'incendie du Chalaure en 1870.

La Citerne. — A Mons (Charente-Inférieure).

Courthieu. — A Saint-Michel-l'Écluse (Dordogne). — Appartient aujourd'hui à Mme *Chaucherie-Laprée*, née Trigant-Courthieu.

La Croix. — A Saint-Christophe-de-Double (Gironde).

Font-Neuve. — Maison noble située dans la rue de ce nom à Libourne. Font-Neuve veut dire Fontaine-Neuve.

La Fraigonnière. — Cette terre est contiguë à celle de Bruant; elle est connue actuellement sous le nom de *Fringonnière* et appartient à *M. Broca.*

Gagnaire. — A la Roche-Chalais, appartient actuellement à *M. le comte de Saint-Saud.*

Gautier. — A la Barde, près Montguyon (Charente-Inférieure).

Geneste.

Gramont. — A la Gorce.

La Grange.

Lavau. — Maintenant à Saint-Michel-de-Rivière, commune de la Roche-Chalais (Dordogne); fut vendu en 1863 par les héritiers de la famille Trigant, à M. le baron de Saint-Saud.

Le Maine.

Faniou (ou Marquet) (partie de la *Faniouse*). — A

deux kilomètres et demi de la Roche-Chalais, sur la route de Sainte-Aulaye. Faniouse veut dire fange.

Noble-Cour.

Petit-Fort. — Dans Libourne.

Prevost.

Le Puch et autres lieux. — Seigneuries en fiefs nobles.

La Rabinière.

La Rocque.

La Tour. — Dans Libourne.

Parmi les hommes célèbres de cette maison anglaise on remarque :

Elie Trigant, seigneur de Beaumont et de la Rocque, écuyer du Prince-Noir, se distingua sous les yeux de ce prince à la bataille de Crécy (1346), et fut tué à la prise de Guitres en 1347 (1).

A différentes époques, des Trigant appartenant à diverses branches de cette famille, reprirent le nom de Beaumont, en mémoire de ce glorieux guerrier.

Jehan Trigant, maire de Libourne pour le roi d'Angleterre de 1370 à 1373.

Le moine cordelier Edward Trigant, prieur de l'Epi-

---

(1) Cependant, *Souffrain* dit, dans ses *Essais sur Libourne*, qu'il y fut seulement fait prisonnier et conduit au château de la Clote avec plusieurs autres grands seigneurs du parti anglais. Si nous en croyons la tradition de famille, Souffrain dit vrai, mais cet Elie Trigant lorsqu'il fut fait prisonnier était blessé à mort.

nelle, était chef du couvent de son ordre à Libourne ; fut aumônier confesseur de la princesse de Galles pendant le séjour de cette dernière à Condat-lès-Libourne. Il était encore aumônier du duc de Lancastre, et lorsque ce prince fut reconnu duc de Guyenne (20 mars 1389), c'est Edward Trigant qu'il envoya comme ambassadeur auprès de la ville de Bordeaux (1) pour y annoncer cette grande nouvelle.

En 1806 la famille possédait encore les papiers de ce religieux.

Il y a eu deux autres cordeliers de ce nom jusqu'à la fin du règne de Henri V d'Angleterre (2).

N... Geneste Trigant dit Ernest Trigant, était maire de Libourne en 1478. A cette époque la peste qui sévissait avec fureur dans Bordeaux obligea le Parlement à se réfugier à Libourne. Ernest Trigant grâce à sa courtoisie ne compta bientôt que des amis parmi les membres de ce corps, qui ayant désiré lui prouver leur gratitude pour les prévenances de toutes sortes dont ils étaient comblés, reconnurent, sur la demande que leur en fit Ernest Trigant, les privilèges de la ville de Libourne (3), reconnaissance à laquelle ces avocats se refusaient depuis longtemps.

Jean-Geneste Trigant, probablement fils du précédent, fut abbé de Faise de 1502 à 1542. En 1526, il est nommé député de la noblesse comme seigneur (4) lors de l'assemblée des trois Ordres pour la rédaction des coutumes du Bordelais.

---

(1) Chronique nobiliaire du journal *Tout-Bordeaux,* numéro du 23 avril 1892.

(2) *Souffrain.* — *Essais sur Libourne,* tome ı, p. 88 et 89.

(3) *Guinodie.* — *Histoire de Libourne,* tome ı, p. 96. — Souffrain le mentionne simplement à la page 153 du tome ı de ses *Essais.* — D'après une tradition de famille Ernest est mis ici pour Geneste.

(4) *Souffrain.* — *Essais,* tome ı, p. 103. — Archives de Libourne.

Le 28 septembre 1536 le clergé de son diocèse s'assembla en la maison archiépiscopale (chapelle Saint-Thomas), pour délibérer sur un don gratuit demandé par le roi, l'abbé Jean-Geneste Trigant prit la parole et dit : Que la place qu'il avait ordinairement dans ces mêmes assemblées ne lui ayant pas été réservée, il n'y viendrait plus ; il ajouta que pour sa part en fidèle et obéissant sujet du roi, il accordait le don gratuit demandé par Sa Majesté et équivalent à trois deniers.

En 1542 ce même abbé, devint évêque de Bethléem (1) par permutation avec Philibert de Beaujeu (2).

----

(1) Ce titre était attaché de plein droit à la collation d'abbé ou plutôt de supérieur de l'hôpital de Clamecy.

(2) Guinodie, donne une notice assez longue sur cet évêque dans son *Histoire de Libourne*, tome III, p. 246, mais il le désigne à tort sous le nom de Jean Geneste il oublie Trigant. Dans le tome I, page 104, il le dit député du *clergé* à l'assemblée de 1520, c'est une seconde erreur. Enfin le même auteur met Philibert de Branjeu au lieu de Beaujeu.

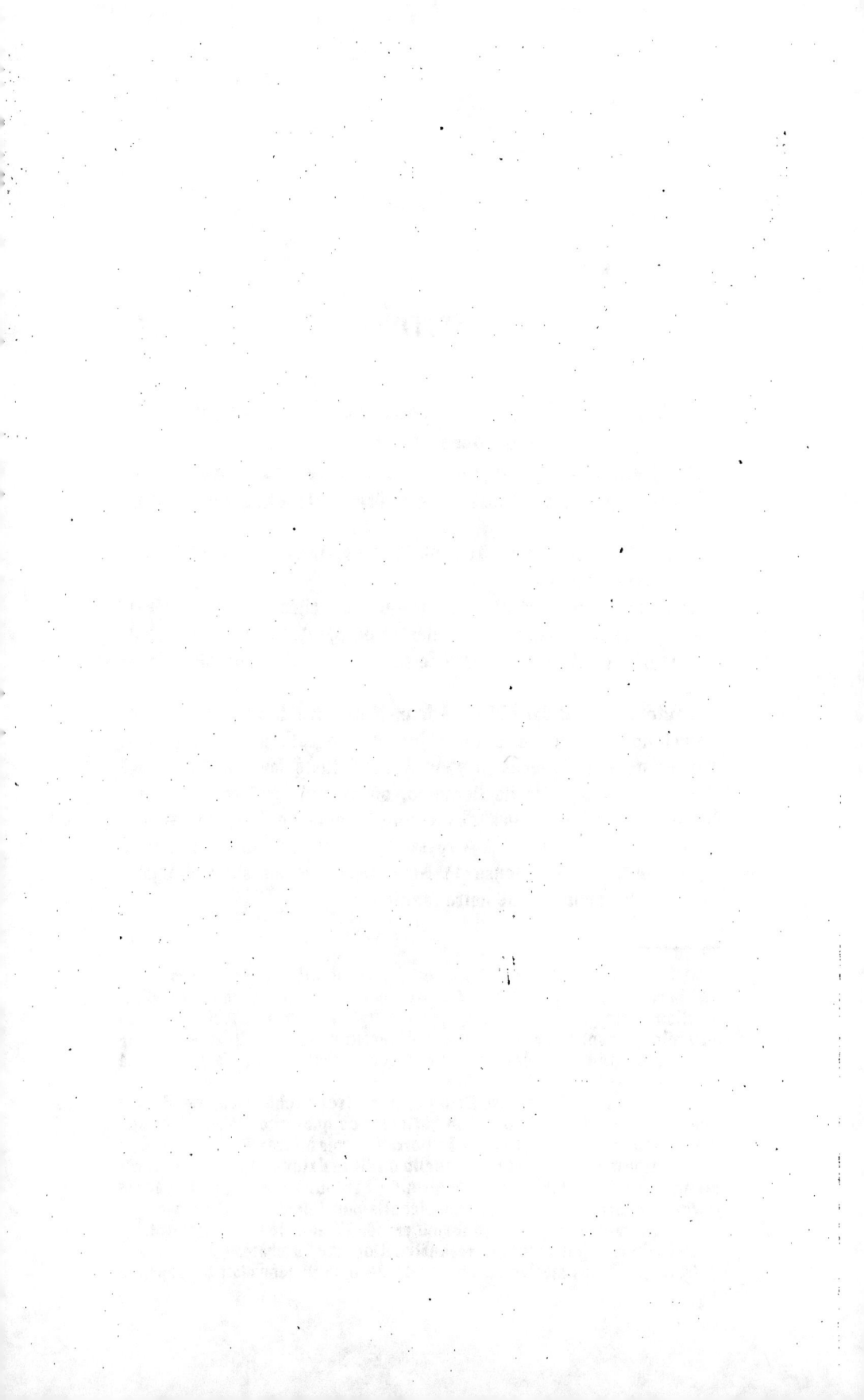

CHAPITRE II

Division dans la famille pour cause de religion. —
Corruptions nombreuses du nom: — Le château de
Tiregant à Creysse. — Notes sur les membres de la
famille qui ne peuvent encore être rattachés entre eux.

Vers 1574 de nombreux Trigant établis en Libournais se divisèrent
pour cause de religion.

Ceux qui embrassèrent la réforme, deshérités par leurs pères,
gagnèrent la Roche-Chalais ou allèrent en Saintonge et en Périgord,
comme déjà plusieurs membres de cette famille l'avaient fait auparavant.

D'autres allèrent dans l'Entre-deux-Mers sous le nom de Turgan.

Quelques-uns de ceux qui abjurèrent le catholicisme reprirent
l'ancien nom de Tiregant (il y eut des variations dans l'orthographe)
et se fixèrent du côté de Bergerac, où avaient vécu ceux de cette
famille qui n'avaient pas abandonné le nom de Tiregant. Il y a
un château de Tiregant à Creysse (Dordogne), qui appartient à
M. le Comte de La Panouse (1). Nous ne savons pas s'il a été possédé par des membres de notre famille.

_____

(1) Le nouveau château de Tiregant fut construit sous Louis XVI, pour
un Bordelais, *le premier président Daugeard ;* il se compose d'un
pavillon et de plusieurs bâtiments sans style flanqués de trois terrasses
en prolongement l'une de l'autre et différentes par leur forme et leur
grandeur. Sur la première devait s'élever le château qui n'a jamais été
construit.

Le vieux Tiregant se trouve à cinq cents mètres du château actuel dont il
dépend (il sert de chai). C'est un bâtiment de quarante-trois mètres sur
douze, non compris les annexes. Le portail a trois mètres 20 d'ouverture, il
comporte une clef de voûte sur laquelle on lit la date de « 1688 ». Le tout n'a
qu'un seul étage mais une très grande hauteur de plafond. A l'angle
nord-ouest est une espèce de machicoulis peu important. On remarque
encore l'ancienne chapelle de forme carrée et dont le toit s'effondre.

Ce bâtiment doit être une reconstruction car le château de Tiregant
existait plusieurs siècles avant 1688. En 1820, le château était la propriété

Ceux de cette famille qui n'abandonnèrent pas la cause du pape restèrent à Libourne ou à Bordeaux (1).

Jacques Trigant épousa Catherine Balue, d'où, Marie baptisée dans la religion protestante le 5 septembre 1584, elle eut pour parrain : Antoine Dupuy, et pour marraine : Marie Viault ; elle fut mariée en 1617.

Le 18 septembre 1592, M. de Beaupoil, ministre de la religion protestante, bénit le mariage de N... Trigant avec Mlle Langloix, les conjoints étaient tous deux de la Roche-Chalais.

Jehan Trigant vivant 1606 et 1617 était marié à Marie Gachet :

N... Trigant s'unit à Marie Viault (2), de ce mariage naquit une fille, *Marie*, baptisée le 18 mars 1607, parrain Jacques Trigant, marraine Marie du Cruol, épouse de Michel Monnot, juge.

Jehan Trigant, avocat du Parlement, fut parrain le 10 octobre 1609 de Marie d'Israel, fille de Jean, avocat au Parlement, et de Catherine du Cygne (3).

Samuel Trigant, procureur d'office de la Roche-Chalais, s'unit à Isabeau Arnaud, morte avant 1620.

Le 17 juin 1620, le Parlement de Bordeaux rendit un arrêt entre lui et Pierre Faure.

Sa fille, Marie Trigant, qui épousa Pierre de Mestivier, avocat au Parlement (4), fils de Jehan de Mestivier.

Ils eurent Samuel Mestivier, dit Métivier, baptisé en 1617 par M. de Molans, pasteur ; parrain : Samuel Trigant aïeul ; marraine : Suzanne Barraud (registre 6558, page 57). — 2° Jehan Mestivier,

---

de M. le général de la Martonnie qui le vendit à M. le Comte de la Panouse, grand-père du châtelain actuel, qui possédait déjà de l'autre côté de la Dordogne, en face de Tiregant, le château et le domaine de Piles.

(1) Voyez SOUFFRAIN. — *Essais, Variétés historiques sur Libourne.*

(2) Cette famille Viault existe encore à Coutras. M. l'historien Fellonneau dit, dans son *Histoire de Coutras* (1 vol. - 1870), qu'il a consulté pour la rédaction de son ouvrage, des papiers de la famille Trigant, possédés par Mme veuve Viault.

(3) Registres protestants de Coutras conservés à la Bibliothèque de l'Arsenal, à Paris, n°s 6558, 6559, 6560.

(4) Registre 6558, page 44. — Sa sœur Marie était mariée à Johan Gautier d'où Jean, né le 7, baptisé le 10 juillet 1613, parrain Johan Gautier, aïeul, marraine Marie Trigant, tante par alliance (Mme Mestivier), (registre 6558, page 57).

baptisé le 15 septembre 1619 par M. de Monceaux, ministre de la religion réformée, parrain Jehan Chaperon.

Pierre Trigant, décédé avant 1598, était avec N. de Millon fermier féodal de la seigneurie de Montpon (1).

Le 17 juin 1597, François Trigant signe le codicille testamentaire d'Anne Bouchard d'Aubeterre, baronne de la Roche-Chalais, sa parente. La même année il accepte, comme ancien du Consistoire, le legs fait au Temple de la Roche-Chalais par la baronne. En 1626, il était encore ancien avec N. de Millon.

1631. — Anne Trigant, femme de *Pierre Bellet.*

1663. — Testament d'*Abraham Bartholme,* procureur d'office à la Roche-Chalais, mari d'Anne Trigant.

1660. — Jean Trigant, clerc de maître *Jacques Dumas,* notaire à la Roche-Chalais.

17 février 1665. — Anne Trigant, femme de Moïse de Mantellier, rédige son testament.

Marie Trigant s'unit à François Marsault, sieur de la Mauzène.

Ils eurent François Marsault, baptisé à Saint-Michel-de-la-Rivière le 2 janvier 1689.

Jacques Trigant, mort avant 1628, s'unit à Isabeau Petit, d'où *Jean, et peut-être Pierre, sieur de Bâtier, dont on trouvera l'article à l'introduction, au chapitre III.*

Le premier, Jean Trigant, docteur en médecine, fit un échange le 22 octobre 1628, avec Anne Trigant.

Il est probablement le même que le suivant.

Jean Trigant, mort avant 1611, marié à *Lydie Dupuy,* morte avant 1644.

Il laissa les suivants :

1. Maître Etienne *(alias* Jérémie) Trigant, notaire royal, mort avant 1663, il reçut en 1653 une reconnaissance du *chevalier de la Chaise.* Et s'unit à *Marthe Jarosias,* fille de N... Jarosias et de *Marthe Chaperon;* morte avant 1670. Et en secondes noces, il s'unit avec Jeanne du Clion.

De ces deux mariages sont venus deux fils et une fille :

A. — Maître Guy Trigant de Lavau, propriétaire de Lavau, clerc

(1) *Archives départementales de la Dordogne,* E, dossier de Fournier.

de maître Jacques Dumas, notaire à la Roche-Chalais en 1660, médecin, procureur postulant et ordinaire des juridictions de Pommier et de Saint-Aigulin, nommé le 16 juillet 1676 procureur postulant au marquisat de la Roche-Chalais, greffier du dit marquisat. Il mourut avant 1688.

Le 20 juillet 1674, règlement de dettes entre lui et Guy Augey, ce dernier comme curateur de Catherine Trigant, sa sœur.

En 1669, il fut chargé par Guy Marsault, sieur de Gautier, habitant le Chalaure, de faire reconnaître que ledit Marsault tenait féodalement de frère Jean Mothes, chevalier de Malte, commandeur de Chalaure, des terres au dit Chalaure.

Guy Trigant s'unit à Marie Bontemps, de la Roche-Chalais, fille de maître Pierre Bontemps. Ils eurent Marie, née en 1679, morte le 14 juin 1684.

B. — Jacques Trigant, vivant en 1674, qui eut, ainsi que son frère pour curateur Joseph (*aliàs* Josué) T. de Gagnaire, son oncle. Jacques mourut avant son frère de Lavau en laissant un tiers des biens d'Etienne, son père.

C. — Catherine, fille d'Etienne et de Jeanne du Clion, épousa Jean Lorans, lequel réclama, en 1688, au sujet des biens de sa femme réunis par erreur à ceux de maître Guy T. de Lavau. Elle devait hériter d'un tiers des biens de feu Etienne, son père.

2. François, vivant en 1647, testa devant Trigant, notaire à la Roche-Chalais (1), le 17 juin 1650, rédigea un nouveau testament en 1658.

3. Joseph (*aliàs* Josué) Trigant de Gagnaire, qui transigea en 1686 avec Onésime Trigant le jeune et mourut probablement dans la même année, il avait épousé, par contrat (2) du 16 mars 1652, *Marthe Thévenin*, d'où Lydie, qui eut pour tuteur *maître Clément* (aliàs *Clinet) Rougier*, médecin à Saint-Aulaye ; elle épousa, avant 1686, *Abraham Rougier de Puygravier*.

4. Marie, alliée à *Pierre Chauvier* avant 1644 ; tous deux vivaient en 1670.

(1) Onésime probablement. — Archives départementales de la Dordogne. — B. Justice seigneuriale de la Roche-Chalais.

(2) Archives départementales de la Dordogne. — B. Justice seigneuriale de la Roche-Chalais.

DEUXIÈME PARTIE

ÉPOQUE HISTORIQUE (1550)

INTRODUCTION AU CHAPITRE III

Les Trigant à la Roche-Chalais. — Formation des branches

I. Maître Pierre Trigant de Batier, sieur de la Grange (huitième aïeul de l'auteur), avocat, docteur en médecine, juge de la juridiction de Pommier, en 1639-1640; notaire royal à la Roche-Chalais (1623-1635).

Il possédait à la Roche-Chalais sept cents hectares de terres, et avait en outre de nombreuses propriétés dans la région.

Il mourut avant 1674.

Il avait souscrit en 1631 une obligation de payer qui fut reconnue par Jean son fils.

D'après la concordance des lieux et des temps, il eut comme fils les quatre frères qui suivent :

1° Jean T. de Batier dont l'article suivra;

2° Onésime Trigant de Batier, vivant en 1670;

3° Onézime T. de Batier, seigneur de la Bahir et de la Tour;

4° Jean Trigant, sieur de Courthieu et de la Grange, dont l'article sera donné plus loin.

Le premier, nommé Jean T. de Batier, habitant de Pommier (1) en 1652, fut notaire royal et habita Batier en 1654 (2).

Il épousa *Marie Berthoumé*, d'où :

Elisabeth, mariée en 1669 à *Jean Chauvier*. Puis en deuxième mariage le 22 décembre 1680 (contrat passé à cette date devant *Maître Dumas*, notaire à la Roche-Chalais), elle s'allia avec *Elie Gros, sieur de Hautmont*, fils d'*Elie Gros, écuyer, sieur de la Grave.*

Furent présents les suivants :

Côté du futur. — *Louis Gros, sieur du Duc*, lieutenant de cavalerie ;

Pierre Gros, sieur de Grand-Pré, tous deux, frères du marié.

Pour la future. — *Marie Berthoumé*, sa mère ;
Onésime Trigant, licencié en droit, oncle ;
Abraham Berthoumé, notaire royal, oncle.

⸻

(1) Près la Roche-Chalais.

(2) Les archives départementales de la Dordogne, série B (Justice seigneuriale de la Roche-Chalais), nous apprennent qu'il eut en 1671 des difficultés avec François Trigant, frère et héritier d'Abraham. Il a été impossible jusqu'ici de trouver qui sont ces derniers.

CHAPITRE III

Anoblissement du conseiller Jacques T. de Courthieu. — Alliance avec les « *Barraud* », et la maison de « *Jourgniac* ». — Le capitaine Abraham T., sieur de la Grange, sa descendance. — Haine entre deux frères, et entre père et fils pour cause de religion. — Les « *Thévenin* », maires de la Rochelle.

Jean Trigant, sieur de Courthieu et de la Grange, bourgeois de la Roche-Chalais, zélé protestant; il épousa, avant 1676, *Marie Dumas*. Tous deux rédigèrent un testament mutuel devant *Ardouin*, notaire, le 7 août 1694. Jean mourut dans sa maison du bourg de la Roche le 8 octobre 1694, sa femme lui survécut.

De leur mariage étaient nés :

1. (Aîné) Le capitaine Abraham T., sieur de la Grange;

2. Le conseiller Jacques T. de Courthieu;

3. Anne Trigant, unie à Jean-Charles, *sieur du Vignaud* (1).

4. Suzanne Trigant, mariée à Abraham Séguin (2).

Messire Jacques *(aliàs* Jean-Jacques) Trigant, écuyer, siegneur de Courthieu et de Boisset. — Acquit moyennant dix mille livres, le 7 août 1697, la charge de conseiller-secrétaire du roi en la chancellerie près la Cour des Aides de Clermont-Ferrand (3).

---

(1) On lit dans l'armorial de 1696 (juridiction de Jonzac, page 125) : *Henri du Vignaud*, capitaine au régiment de Navarre, et *François du Vignaud, écuyer, sieur de Vauvert*, capitaine au régiment de Navarre, portent : *D'argent à une croix d'azur cantonnée de quatre lions de gueules.*

(2) L'armorial de 1696 donne ainsi les armes d'*Abraham Séguin*, habitant de Jonzac : *D'azur à deux cannelles d'argent sur une rivière aussi d'argent.*

(3) Depuis Charles VII, la charge de secrétaire du roi anoblissait le titulaire et sa descendance.

Il reçut les provisions dudit office le 22 août et le 16 décembre de la même année.

Jacques vécut en Libournais.

Voici la copie d'une note que nous possédons sur lui; elle porte au dos un cachet noir avec trois fleurs de lys sur lequel on lit : *Historiographe de France et généalogiste du roi, cabinet de Chevillard.*

« *Jacques Trigant de Courthieu, écuyer, conseiller-secrétaire du roi, maison couronne de France, contrôleur dans la chancellerie près la cour des aides de Clermont-Ferrand, porte : D'or à deux lions affrontés de sable, lampassés et armés de gueules, et un chef coupé (1) d'argent chargé d'un croissant de gueules l'écu timbré d'un casque de front orné de ses lambrequins d'or, d'argent, de sable et de gueules, supporté deux lions d'or lampassés et armés de gueules.*

Jacques T. de Courthieu épousa à Bordeaux, paroisse St-Maixent, le 22 février 1703, *Suzanne Barraud*, fille de *Jean Barraud*, écuyer, conseiller-secrétaire du roi et de dame *Marguerite Thévenin* (2).

Témoins : *Dame Hippolyte Angèle de Beaumont* (3).

Marquise de Frugie, cousine, épouse de *Hélie d'Arlot, marquis de Frugie.*

Dame *Arnaud Roger*, cousine.

De ce mariage naquit un fils unique Jean T. de Boisset.

Suzanne Barraud était née le 1er août 1673; elle mourut dans sa propriété de Gravédor au Fieu, le 21 décembre 1771, à plus de 98 ans.

---

(1) Coupé mis pour cousu. — L'azur est le véritable émail de nos armes, ce fond d'or est ici une variante fréquente à ces époques.

(2) Du 12 décembre 1697, certificat de prestation de serment comme conseiller-secrétaire du roi, délivré à *Jean Barraud* (père de Suzanne) par Antoine Lefebvre d'Ormesson, conseiller du roi, agissant comme subdélégué de Monseigneur de Boucherat, chancelier de France (Achat de la charge juillet 1697).

Marguerite Thévenin, mère de *Suzanne Barraud*, était d'une famille de la Rochelle, plusieurs de ses ancêtres furent maires de cette ville.

Ce sont : 1580, *Jean Thévenin*. — 1590, *Jean Thévenin*, sieur de Vhoom. — 1592, *Jean Thévenin*. — 1595, *Jacques Thévenin*, sieur de Vhoom, mort en sa mairie. — 1598, *Jean Thévenin*, sieur de Gouinelle.

(3) De l'ancienne famille des *Beaumont de Gibaud*, en Saintonge.

L'acte de décès signé : François T. du Chalaure, *Pierre Barraud,*
Jacques Trigant de Courthieu fut frappé à mort par un assassin, en
se rendant à la messe, le 20 janvier 1704. Il mourut deux jours après
et fut inhumé dans l'église de Saint-Christophe-de-Double le 23 janvier 1704 (1).

Il avait rédigé son testament le jour de sa mort. Du 6 au 14 février
suivant, l'inventaire de sa succession fut dressé en présence de ses
cousins-germains, les sieurs de la Fraigonnière et des Rabinières, et
de *Abraham Barraud,* oncle de sa veuve.

Son fils, Messire Jean de Trigant, écuyer, seigneur de Boisset, fut
baptisé à Saint-Christophe-de-Double le 20 octobre 1703 ; il habita
Boisset, puis Coutras.

Le 7 juillet 1769, le Parlement de Guyenne rendit un arrêt de
confirmation et maintenue de noblesse en sa faveur.

Les pièces produites furent :

1. Quittance de 10.000 livres d'achat de l'office de secrétaire du
roi à la Cour des Aides de Clermont, le 7 août 1697, par Jacques T.
de Courthieu, son père ;

2. Les provisions de l'office susdit au 22 août et 16 décembre de la
même année ;

3. L'acte de décès dudit Jacques, son père, au 22 janvier 1704 ;

4. Le contrat de mariage de Jean T. de Boisset.

Le 27 septembre 1739, Jean T. de Boisset passe devant notaire
une transaction avec Lydie Rougier, veuve de François Mongen.

Messire Jean T. de Boisset épousa le 12 mai 1727 par contrat, reçu
par Benoist et Barraud, notaires à Bordeaux, *Marie de Jourgniac,*
fille de feu *messire Etienne de Jourgniac, écuyer, seigneur de
Saint-Méard, de Saint-Géraud et autres lieux,* et de dame *Marie-
Suzanne de Morin,* habitante de Bordeaux, paroisse Saint-Rémy.

Le futur assisté de : sa mère, née *Barraud,* son aïeule maternelle,
née *Marguerite Thévenin,* Jean-Pierre T. du Petit Fort, avocat en
la cour, premier jurat de la ville de Libourne, Raymond T. de
Font-Neuve, conseiller du roi son procureur en ladite ville ; Michel
T. de Noblecour, procureur fiscal du sénéchal de Fronsac, à Coutras, etc., du côté de la future ; *Marie-Suzanne de Morin,* sa mère ;
François de Morin, avocat en la cour, *seigneur du Faure et du*

_____

(1) Voir la tradition de l'assassinat à la fin de ce chapitre.

Roussillon, bourgeois et habitant de la ville de Bordeaux, son aïeul maternel; *messire François de Jourgniac*, écuyer, seigneur de Saint-Méard, Saint-Géraud et autres lieux, son frère; *Suzanne-Marie de Jourgniac*, demoiselle, sa sœur; de *messire Henri-Green de Saint-Marsault*, chevalier, seigneur de Parcou, écuyer, chevalier de l'ordre militaire de Saint-Louis, major du régiment de Berry, et de dame *Marthe de Morin*, son épouse, tante. Dame Elisabeth de Morin, épouse de messire *Paul Drouilhet* ou Drouhet, écuyer. Jacques de Morin, seigneur de Pontaune, bourgeois, de Bordeaux. De Elisabeth Drouhet, demoiselle, sa cousine-germaine, etc.

Le mariage religieux eut lieu à Coutras, le 16 octobre 1727.

Marie de Jourgniac scella son testament le 21 février 1754, de cire rouge, a un cachet de deux écussons accolés; le premier est celui de Trigant, avec le casque de face (gentilhomme de race), le second porte d'azur à trois barres d'or, qui est de Jourgniac (1). Elle rédigea un nouvel acte testamentaire le 4 juillet 1775, cette pièce est signée par : Etienne de Jourgniac, son frère. Marie-Suzanne de Jourgniac, épouse de H. de Richon, écuyer, sa sœur. François de Jourgniac (héritier universel).

En 1739, Louis-François-Ignace Duverger, chevalier, seigneur de Barbe, Saint-Cère, Lescadéric et autres lieux, chevalier de justice des ordres royaux et militaires de Notre-Dame de Mont-Carmel et Saint-Lazare, rendit une ordonnance de paix et de défense officielle de combat entre Jean T. de Boisset, écuyer, et Trigant-Geneste de la Roche-Chalais.

Jean T. Boisset fit son testament devant Mᵉ Dupuy, notaire royal à Coutras, le 24 février 1773. Il l'annula par un nouveau le 28 janvier 1782, ce dernier fut définitif et a été reçu par Mᵉ Pezères, notaire. Il mourut sans enfants, conformément à son testament du 28 janvier 1782, son neveu à la mode de Bretagne Jean-Trigant de Boisset, époux de Marie Faurès, fut l'héritier de tous ses titres et biens.

Le capitaine Abraham Trigant, sieur de la Grange, manifesta de bonne heure des convictions religieuses contraires à celles de ses parents, qui le mirent en désaccord continuel avec ceux-ci. (A cette époque les passions religieuses étaient encore très vives).

Les querelles avec sa famille se multiplièrent, si bien que son

---

(1) Archives départementales de la Dordogne. — B. Justice seigneuriale de la Roche-Chalais. Ce testament olographe est passé devant Parcau, notaire, il fait héritier pour la fortune messire Bertrand de Jourgniac.

père, zélé protestant, lui interdit sa maison et lui refusa de quoi vivre. Abraham ne faillit pas, et fit prendre chez son père en 1683 des objets que ce dernier voulait donner à son frère Jacques bien que celui-ci fut cadet de famille. Le père porta plainte.

Non encore majeur, le sieur de la Grange épousa le 14 octobre 1684 par contrat *Hélène Richon*, fille de *Martial Richon*, procureur au siège présidial de Libourne et ancien jurat, et de *Marie Nozay*. L'acte passé devant Me Delagarde, notaire à la Roche-Chalais et Roy, notaire à Libourne, fut signé par messire Pierre de Villegente, prêtre, fondé de pouvoir et représentant des parents de l'époux qui n'assistaient pas à la cérémonie, et du côté de la future par ses père et mère et son oncle, messire Charles Nozay, conseiller du roi, garde des sceaux au siège présidial de Libourne.

Le 29 juillet 1689, il avait abjuré solennellement le protestantisme, la haine de ses parents redoubla, ils le déshéritèrent bien qu'il fut *ainé.*

Abraham justement lésé fit saisir le 20 novembre 1694 les bois de Courthieu que portaient les métayers de son frère. Ce dernier voulut tout reprendre et s'emporta si fort qu'une lutte eut lieu. Le 5 juillet 1695 une sentence de paix intervint entre eux, mais la brouille continua. En effet, en 1697, Abraham qui était capitaine d'une compagnie d'infanterie, puis de dragons au régiment du roi, la fit appeler *compagnie du sieur de Courthieu* (1). Il mourut vers 1693.

L'armorial de 1696 donne armes de *Jean Richon*, bourgeois de Libourne : *d'or à trois aigles de sable.* Et *Jean Richon*, procureur des consignations à Guitres : *d'or à un lion passant de gueules.* Philippe de Richon, seigneur de Durandeau à la Grave d'Ambarès fut convoqué en 1789 à l'assemblée de la noblesse de Bordeaux.

Il laissait :

1. Françoise, baptisée à Saint-Michel-de-la-Rivière le 20 janvier 1687, mariée à *Jacques Calleret sieur de la Coste.* Elle était veuve en 1716 ;

2. Jeanne, baptisée au même lieu, le 8 mars 1689.

3. Pierre, vivant 1750 ;

---

(1) On lit aux archives départementales de la Dordogne, B. Justice seigneuriale de la Roche-Chalais : 1697. *Pierre Théventin, dragon dans la compagnie du sieur du Courthieu.*

4. Bernard, né à Libourne le 11 juillet 1695, parrain, M* *Bernard Dumas*, avocat en la cour ; marraine, *Jeanne Richon*. Il mourut le 1er octobre 1751 et fut inhumé dans l'église Sainte-Colombe de Bordeaux. Il était bourgeois de cette ville.

De son mariage avec *Marie Mallet* il eut six fils et trois filles, savoir :

1. Jean T. de Boisset, dont l'article suivra ;

¡ 2. Hélène, née en 1728, elle mourut à Ambarès le 5 octobre 1730 ;

3. Guillaume T. de Boisset, né à Bordeaux le 11 avril 1738 ;

4. Madame Marguerite Bessas de Lacotte (dont l'article se trouvera à la fin de ce volume);

5. Jean Benoit, né le 11 mars 1741 ;

6. Anne, née à Bordeaux le 18 juillet 1743 ;

7. Mathieu, né à Bordeaux le 21 juin 1744 ;

8. Benoît, né le 4 juillet 1746 ;

9. Pierre Bernard, né le 19 août 1747.

Jean Trigant, écuyer, sieur de Boisset (ci-dessus), fils de Bernard et de *Marie Mallet*.

Héritier des titres et biens de son oncle à la mode de Bretagne, Jean T. de Boisset, écuyer, fils de Jacques.

Officier, s'unit le 11 juillet 1782 à Marie-Thérèse Faurès (1) ; Il mourut à Boisset le 21 mars 1806.

Il laissait deux fils.

A. — Jean-Jacques-Marie-Eugène T. de Boisset, né à Bordeaux le 30 septembre 1784, mort en décembre 1849.

· Il fit de brillantes études au fameux collège de Vendôme qu'il quitta en l'an X.

Il épousa en premières noces en 1813 *Désirée Ichon* (2), sa cousine, petite-fille de *François Lacaze*, bourgeois de Libourne et de sa femme née *Decazes*.

_____

(1) M. *Faurès*, procureur au parlement de Bordeaux en 1775 était propriétaire du Palu d'Artigue, situé dans la seigneurie d'Eyrans, cette terre était contiguë aux domaines de M. Alexandre de Jourgniac.

(2) La famille *Ichon* est alliée aux *de Ségur*.

Veuf sans enfants, il épousa en secondes noces à Bordeaux le 11 août 1839, *Marie-Elisabeth-Zélie Courrech*, d'une ancienne famille bourgeoise, il en eut quatre enfants.

a — Jean-Luc-Marie-Joseph Henri, né à Libourne le 18 octobre 1810, mort dans cette même ville le 12 février 1816.

b — Marie-Edouard Léopold, né à Libourne le 19 janvier 1842, mort en 1850.

c — Marie-Elisabeth Trigant de Boisset, née à Libourne le 11 mars 1843, alliée le 19 février 1868 à *Gabriel-Henri-Albert Dubourg*, licencié en droit, avoué près la cour d'appel de Bordeaux.

B. — Pierre-Guillaume Trigant-Courthieu fils de Jean T. de Boisset et de *Marie Faurès*, naquit en 1787, maire de Saint-Christophe-de-Double en 1823 et 1826, habita Boisset.

Il s'allia au Fieu le 10 juin 1811 à *Catherine Bonin de Matha*, fille d'André, maire du Fieu, et de *Françoise Ginestet*.

D'où :

1. Marie-Thérèse, née le 28 avril 1812 à Boisset marié à N... *Blanchard*, ils eurent une fille unique ;

2. Jacques T. Courthieu, dont l'article suivra ;

3. Guillaume T. Courthieu dont la notice sera donnée plus loin ;

4. André, né le 19 avril 1817, mort à Boisset le 7 octobre 1849.

5. Jean-Jacques, né le 10 juin 1818 ;

6. Pierre-Théodore-Jean-Baptiste T. de Boisset, né à Saint-Christophe-de-Double le 23 juin 1823. De son mariage avec *Marie Dubreuil*, il eut :

A. — Pierre-Guillaume-Edouard dit Joachim-Trigant Courthieu, né à Boisset le 17 avril 1845, épousa Marie-*Antoinette-Félicie Blanchard*, sa cousine-germaine d'où : Marie-Antoinette-Félicie Trigant-Courthieu, née à Boisset le 7 novembre 1866.

B. — Henri, habite le Fieu.

C. — Jean, né à Boisset le 6 novembre 1849, y résidant, marié le 23 novembre 1861 à *Marie Sautereau*, fille de *Pierre Sautereau* et de *Marie Catherineau*.

D. — Guillaume, né à Boisset le 29 janvier 1854, s'allia à Marie Gagnère ; ils eurent une fille unique.

7. Jean, né le 21 janvier et mort le 11 avril 1826.

Jacques Trigant-Courthieu, né le 8 avril 1813, décédé le 12 octobre 1872 à Courthieu ; épousa *Céline-Marie Hérier-Fontclaire*, morte à la Roche-Chalais le 11 décembre 1891.

Ils avaient eu :

a — Louise (madame Mazenc), d'où une fille Adélaïde.

b — Adrien, épousa en 1873 *Erneste Cazalès* ; ils eurent : Marie, fille unique.

c — Catherine Edie qui s'unit le 20 décembre 1865 à *François-Chaucherie Laprée*, mort à Coutras en 1878. Sa veuve est propriétaire de Courthieu. Ils avaient eu un fils Elie.

d — Camille, mariée le 16 juin 1874 à Jean Jeandon, ils eurent deux filles Amélie et Louise.

e — Marie-Marguerite-Thérèse, né le 17 juillet 1854 à Courthieu, mariée à la Roche-Chalais le 8 octobre 1889 à *Emile Brauvers*, capitaine au train des équipages militaires, chevalier de la Légion d'honneur, ils ont une fille Jeanne-Marie.

Guillaume Trigant-Courthieu, né à Libourne le 22 août 1814, s'unit à *Marie-Thérèse Lebœuf*.

Ils eurent :

1. Marie-Pauline, née à Libourne le 14 novembre 1845 ;

2. Marie, née le 18 mai 1847 ;

3. Marie-Thérèse, née le 13 avril 1850.

4. Marie-Elisabeth, née le 17 juillet 1851.

5. Pierre-Martial Trigant-Courthieu, né à Libourne le 7 novembre 1848, marié dans sa ville natale le 13 janvier 1873 avec *Almaïde Mouly*, fille de Prosper-*Jean-Baptiste Mouly*, capitaine de cavalerie en retraite, chevalier de la Légion d'honneur, et de *Julie-Louise Gayet*, d'où :

A. — Jeanne-Adèle, née à Libourne le 22 septembre 1873.

B. — Georges-Jean, né le 1er janvier 1875.

C. — Emma-Andrée, née le 27 juillet 1880 à Libourne.

TRADITION

DE L'ASSASSINAT DU CONSEILLER JACQUES TRIGANT DE COURTHIEU

Un vieux paysan de Saint-Christophe-de-Double a recueilli dans sa famille le souvenir suivant, qui est trans-
crit ici d'après sa dictée.

« Le curé de Saint-Christophe-de-Double avait l'habi-
tude de ne jamais commencer sa messe avant que (en sa
qualité de noble) messire Jacques Trigant, seigneur de
Boisset, secrétaire du roi ne fut arrivé. Certain dimanche
impatienté d'avoir attendu une heure sans qu'il parut, et
craignant un malheur car M. de Boisset était fidèle aux
offices. Le curé sans dire sa messe partit avec quelques
jeunes gens résolus, à l'avance (au-devant) dudit seigneur, et le trouva frappé à mort d'un coup d'arquebuse
sur le bord de la route. »

CHAPITRE IV

La famille revient à Libourne. — Onézime Trigant de Batier
Descendance de son fils aîné

Onézime Trigant de Batier, seigneur de la Bahir et de la Tour (frère de Jean, auteur des Courthieu), *septième aïeul de l'auteur.*

Il naquit à Batier en 1624 ; il y habita jusqu'en 1690. — Licencié en droit. Fermier féodal des terres, seigneuries de Coutras, et palus de Raby.

Le 8 août 1669 il est en difficulté au sujet de cette ferme avec *Jacques Morin*, avocat au Parlement.

Onézime fut notaire royal à la Roche-Chalais depuis vers 1640 jusqu'en 1654.

En 1670, *Henri de Lanes, seigneur de Pommier*, reprend ce fief à Onézime qui l'avait affermé (1).

En 1684, Onézime eut un procès avec *Antoine Déroulède, sieur de Favard*, pour les intérêts d'un billet de change consenti par ce dernier, et montant à 793 livres 5 sols. M. Déroulède perdit ce procès au présidial d'Angoulême le 5 février 1684 et dut payer à Onézime la somme réclamée par lui (2).

Onézime prêta 810 livres avec hypothèque sur le moulin

---

(1) Le prénom d'Onézime vient aux Trigant de Batier de ces mêmes de Lanes, leurs parrains, dans la religion réformée. Pommier est à Parcoul, à quatre kilomètres au nord de la Roche-Chalais.

(2) Pièces originales du procès conservées dans les papiers de M. Edgard Trigant Geneste, sous-préfet.

de Curat à *François d'Angoulême*, écuyer, sieur de Saint-
Germain, et à son père Charles d'Angoulême, écuyer,
sieur de Curat. En janvier 1676, *Catherine de la Meusnière* (1), veuve du sieur *de Curat*, ratifie l'obligation. Le
14 juin 1686, *Françoise Amelote, ayant charge de Messire
Amelote*, prêtre, écuyer, docteur en théologie, seigneur
de la viguerie féodale du Comté de Saintonge, reconnaît
avoir reçu d'Onézime Trigant 16 livres pour les droits de
viguerie et du trompette qui fit les criées des biens de la
demoiselle *de la Meusnière, dame de Curat*, à la porte de
l'église de Curat ; saisis à la requête d'Onézime Trigant.

En 1690, Onézime passe à Libourne où il fait l'acquisition de la charge de conseiller du roi, son procureur, et
syndic de la ville de Libourne. Il est installé en cette
qualité, le 16 octobre 1690, par *Jacques Dumas*, lieutenant
général de la sénéchaussée.

Onézime mourut à Libourne le 27 juin 1696 (2), et fut
inhumé aux Cordeliers de cette ville, il avait rédigé ses
mémoires.

Parmi ses enfants on connaît :

1. François Trigant du Petit Fort, seigneur de Geneste.

2. Michel Trigant de Marquet, seigneur de la Bahir
et de la Tour.

3. Prevost Trigant, sieur de la Fraigonnière et autres
lieux.

4. Onésime Trigant, sieur de la Rabinière.

5. Guy Trigant Geneste, sieur de Batier.

---

(1) Armorial de 1696. — (Cognac). N..., de la Meusnière, écuyer, sieur
de la Croix, porte : *d'argent à un lion de gueules.*

(2) SOUFFRAIN, *Essais sur Libourne*, livre II, page 225. — GUINODIE
Histoire de Libourne, tome II, page 110. — Archives nationales, à Paris,
dossier Libourne, Q. 249.

6. Mlle Trigant, mariée à *Jean Lafon*, avocat au Parlement, procureur au présidial de Libourne en 1700, conseiller du roi en 1724 et 1730, jurat de Libourne en 1700, maire de Libourne en 1724 et 1725.

François Trigant, sieur du Petit Fort, seigneur de Geneste, fils aîné d'Onézime, naquit à Saint-Christophe-de-Double en 1653.

Il fit partie de la garnison du château de la Roche-Chalais en 1674 et 1676 (1).

Il acquit le 16 octobre 1690 l'office héréditaire de conseiller du roi son secrétaire-greffier de Libourne.

A la mort de son père (27 juin 1696), il lui succéda comme conseiller du roi, son procureur, et syndic des habitants de Libourne, il exerçait encore en 1724.

Il épousa le 24 février 1688 à Libourne *Marie Duperrieu* (2), fille de Raymond, bourgeois de la ville, née en 1668.

De ce mariage naquirent :

1. Aîné, Raymond T., seigneur de Font-Neuve, dont l'article suivra ;

2. Catherine, née à Libourne le 24 janvier 1693, mariée à Saint-Christophe-de-Double le 13 février 1722 à *Pierre Descloux, sieur du Terme* (Le Terme-Bas à Creysse, Dordogne), lieutenant de la juridiction d'Epluche, puis de la vicomté de Ribérac ;

3. Jean-Pierre T., sieur du Petit Fort, et de Geneste dont la notice sera donnée plus loin ;

4. Michel T. de Noble-Cour, dont l'article suivra ;

5. Jeanne, née en 1698, baptisée le 16 octobre 1698 à Saint-Christophe-de-Double ; parrain, Jacques T. de Courthieu, écuyer, secré-

(1) Archives départementales de la Dordogne. — B. Justice seigneuriale de la Roche-Chalais. — Ce François eut le 25 octobre 1676 [une discussion avec Samuel Viault, docteur en médecine, celui-ci l'ayant insulté il le menace de se servir de son épée, Mme Jean Chauvier, née Elisabeth Trigant, et Mme Jean Trigant, née Marie Dumas, intervinrent (Archives de la Valouze).

(2) Les du Perrieu portent : *D'or à un lion de gueules*, Armorial de 1696, armes de *Laurent du Périeu*, conseiller du roi référendaire en la chancellerie près le Parlement de Bordeaux.

taire du roi ; marraine, *Jeanne de Barrière*, épouse de *Jean Mirambeau*, avocat au Parlement ;

6. Jeanne, baptisée à Saint-Christophe-de-Double le 25 septembre 1703, parrain, Pierre Trigant-Beaumont ;

7. Marie, baptisée le 23 avril 1713, marraine, *Marie Lafon*, fille
de *Jean Lafon*, cousine germaine;

8. Pierre-André Trigant, sieur de Geneste, baptisé à Libourne
le 23 avril 1713, parrain, Pierre Trigant-Beaumont, avocat en la
cour, marraine, *Catherine Balestard*, épouse de *Gratien Lafon*. Il
épousa Anne Germain, d'où naquit : Michel-Jean, baptisé à Saint-
Quentin-de-Chalais (Charente), le 18 août 1749.

Raymond Trigant de Font-Neuve cité plus haut, né en 1689,
baptisé à Saint-Christophe-de-Double le 4 septembre 1691 ; parrain,
Raymond Duperrieu, bourgeois de Libourne ; marraine, *Catherine
Bardon*, épouse de son oncle, Michel T. de Marquet, seigneur de la
Bahir et de la Tour.

Procureur du roi et syndic à Libourne en 1718, il obtint le 22 février 1719 un arrêt du conseil d'Etat du roi lui donnant à vie ladite
charge de procureur, moyennant 16,500 livres.

Il mourut le 19 mai 1756 à Libourne, le corps municipal lui fit de
magnifiques obsèques en raison des services qu'il avait rendus à la
communauté. Il était mort dans sa maison de la rue Font-Neuve.

Il avait épousé le 15 janvier 1714 en l'église Saint-Pierre de Bor-
deaux mademoiselle *Thérèse de Belliquet* (1). Témoins : *Guillaume
Roulon*, procureur au Parlement, oncle de l'épouse ; *Elie-Joseph de
Colages*, écuyer ; *François-Barraud*, avocat au Parlement ; *Jeanne de
Montalier*, épouse de N... *Dalon*, procureur au Parlement.

De ce mariage il eut : Marie, fille unique née en 1718 morte le
27 juillet 1758, s'unit à Saint-Christophe de Double le 8 juin 1757 à
son cousin-germain *Raymond Trigant de Noble-Cour* fils de Michel ;
d'où une fille unique dont on trouvera l'article avec celui de son père
plus loin.

Raymond T. de Font-Neuve épousa en secondes noces, le

(1) Les Belliquet portent : *Parti au un d'argent à un aigle au vol
abaissé de sable au deux d'azur à un lion d'or et au chef de gueules chargé
de trois étoiles d'or brochant sur le parti* (alliances) : *de Grailly, de Ca-
douin, de Paty Decazes.*

10 novembre 1729, *Marie de Sauvanelle*, fille d'*Elie de Sauvanelle* (1) écuyer et d'*Anne de Goudicheau*, son épouse.

Ils laissèrent une fille unique, Suzanne, mariée le 10 novembre 1749 à *Blaise Sadou*. Les Sadou portent : *d'azur à une tour d'or sur un rocher d'argent*.

Jean-Pierre Trigant, sieur *du Petit Fort* et de Geneste, frère de Font-Neuve, naquit à Libourne en 1695, et y fut baptisé le 17 novembre de la même année, parrain *Jean Lafon*, bourgeois, oncle. Marraine, *Marie Voisin* épouse de *Croisier*, maire de Libourne.

Il fit ses études chez les Jésuites où il eut pour camarade l'illustre *Montesquieu*.

Reçu avocat au Parlement de Bordeaux, orateur, littérateur et poète, il ne tarda pas à devenir un personnage de marque dans Libourne par ses talents et son amour pour les beaux-arts (2).

Elu premier jurat de Libourne le 22 juillet 1717 puis le 4 janvier 1718.

Il fut installé le 26 septembre 1723, par *Decazes-Garos*, lieutenant de maire, comme conseiller du roi premier jurat alternatif. (Charge qu'il avait acquise au mois de juillet précédent moyennant onze mille deux cent vingt livres.

Il devint ensuite membre à vie du Conseil des prud'hommes et du bureau sanitaire de la ville. Procureur du roi en la sénéchaussée. Et fut envoyé à Bordeaux en 1723, comme député près l'intendant pour obtenir l'établissement des Jésuites à Libourne.

En 1731, il reçut à la tête du corps des avocats l'archevêque de Bordeaux qui se rendait à Libourne.

Il mourut en 1753, laissant un recueil de poésie. Le manuscrit était encore possédé par sa famille en 1806.

De son mariage avec Mlle *Catheau-Arriailh* (3) il eut deux fils et quatre filles savoir :

1. Aîné Jean Trigant de Geneste ;

2. Jean-Baptiste Trigant du Petit Fort, mort à Chérac.

3. Marie, née à Libourne, 17, rue Sainte-Catherine, morte dans

(1) Les *de Sauvanelle*, nobles et bourgeois de Libourne portent : *d'argent à une croix de gueules.*

(2) SOUFFRAIN. — *Essais, variétés historiques sur Libourne*, livre II, page 307.

(3) Le château Arriailh est à Montagne St-Emilion (Gironde). Cette famille porte : *d'or, à une bande de sable.*

sa maison natale le 18 décembre 1792, elle épousa le 18 février 1743, *André Malescot*, conseiller du roi au présidial et jurat de Libourne, fils de *Guillaume Malescot*, notaire et de demoiselle *Limouzin*, son épouse. Il était né en 1708 et mourut le 12 juillet 1768, il fut enseveli dans l'église de Libourne.

4. Jeanne-Angélique, née en 1724, mariée le 17 octobre 1766 à *Jean de Lamothe*, procureur fiscal de Blazimont, veuf de *Marguerite Bonargue*, et fils de feu *François de Lamothe* et de dame *Philippe Dupuy*, son épouse. Devenue veuve, Jeanne-Angélique se remaria à Saint-Christophe de Double le 3 août 1775 avec *Pierre Loserve*, ancien officier au régiment d'Aquitaine, veuf de *Jeanne Montilleau*, fils de *Marc-Mathieu Loserve* et d'*Anne de Bellefon*, son épouse.

5. Thérèse née à Libourne en 1727.

6. Marie-Anne, mariée à *Vital Souffrain*, bourgeois de Libourne, par contrat du 26 août 1748 et à l'église le 15 avril 1752, née en 1719, morte à Libourne le 11 octobre 1789.

Ils eurent : *Jean-Baptiste-Alexandre Souffrain*, né à Libourne le 3 avril 1749. Il épousa dans la chapelle privée du château de Bellefontaine, paroisse de Baron (propriété de messire *Joseph-Antoine de Cursol*), le 1er février 1775, *Marguerite Battar*. Il publia : Les Essais Variétés historiques et notices sur la ville de Libourne — Bordeaux. 1806 (1). *Souffrain* fut avocat au Parlement de Bordeaux, juge au tribunal civil, associé correspondant du Muséum, marguiller d'honneur à la cathédrale, subdélégué de l'Intendant de Guyenne de 1780 à 1782, président de section pendant la Révolution. il fut inscrit sur la liste des suspects et en fut rayé par le conventionnel Tallien. Il eut deux fils.

---

(1) Tout le monde s'accorde à reconnaître en Souffrain un auteur consciencieux, dont le style élégant et clair intéresse et captive le lecteur. Un autre auteur, M. Guinodie, issu d'une famille d'aubergistes de Libourne, a voulu rédiger lui aussi une histoire de sa ville natale. Il a donné trois volumes, mais son style est monotone, difficile à comprendre. Enfin cet auteur n'a pas craint d'ajouter des erreurs voulues à celles très nombreuses qui se sont glissées dans son livre.

Mais les familles visées par M. Guinodie sont d'une trop haute honorabilité pour que cette malveillance puisse les atteindre.

Nous ne voulons pas imiter M. Guinodie, aussi ne ferons-nous pas de notre ouvrage un instrument de vengeance, de parti et de polémique.

POÉSIES

DE JEAN-PIERRE TRIGANT DU PETIT FORT

A Mademoiselle Isabelle B... (1)

Je fus toujours sous ton empire,
Je n'eus d'autre loi que ta loi,
J'eusse dédaigné d'être roi,
Si l'on m'eût défendu de dire :
Isabelle non, non, je n'adore que toi
Et tu me traites d'infidèle
Trop injuste Isabelle.

Hélas ! que tu me connais peu !
Depuis qu'à t'aimer empressée,
Mon âme sensible a fait vœu
De te garder dans sa pensée,
Depuis que je t'en fis l'aveu.....

Je fus toujours sous ton empire
Je n'eus d'autre loi que ta loi,
J'eusse dédaigné d'être roi,
Si l'on m'eût défendu de dire :
Isabelle non, non, je n'adore que toi.

A Mademoiselle Catheau Arriailh
sous le nom de Glycère.

Pourquoi donc aimable Glycère,
Quand vous régnez sur tous les cœurs,
Sous les plus affreuses couleurs,
Peignez-vous le dieu de Cythère.

---

(1) On croit que ce rondeau était adressé à Isabelle Balestard qui était réputée comme la plus belle femme du Libournais; elle était fille de François Balestard; mariée depuis à maître Bertrand Favereau, avocat du roi au présidial qui descendait de Favereau, auteur d'une traduction des métamorphoses d'Ovide. SOUFFRAIN. — *Essais sur Libourne*, tome II, page 309. Les Balestard portent : *D'or à un lion de sinople lampassé et armé de gueules.*

Que vous a-t-il fait cet enfant,
Pour mériter votre censure ?
Il vous donna l'heureux talent
De tout charmer dans la nature.

Cet amour que vous condamnez
De sa main adroite et légère
Afin dérober à sa mère
Mille attraits qu'il vous a donnés.

Et contre ses plaisirs durables
Vous osez encore déclamer
Ah ! si c'est un crime d'aimer
Que vous avez fait de coupables.

Jean-Baptiste Trigant du Petit-Fort de Geneste, fils cadet de Jean-Pierre et de mademoiselle *Catheau-Arriailh*, naquit à Sainte-Foy-la-Grande en 1728, et mourut à Chérac (Charente-Inférieure) le 4 octobre 1797. Directeur des aides de l'élection de Cognac, il épousa en 1750 *Anne-Françoise Gilles de la Bérardière*, veuve de N. *de Previl des Ambillons*. Veuf, il s'allia en secondes noces, le 3 juillet 1774, avec *Marie-Anne Forest des Moulins*, ils eurent quatre filles.

Marie-Anne Forest, était née à Cognac en 1751, du mariage de *Jean-Louis Forest, sieur des Moulins*, conseiller du roi, receveur des amendes en la maitrise particulière des eaux et forêts de Cognac, et de *Thérèse Martin de Lacoinche*, héritière de *Lacoinche, Bourgnouveau, la Péruge*, etc., fille de *Jean Martin, sieur de Lacoinche* et de *Jeanne Perrin de Beaugaillard*.

Marie-Anne Forest mourut à Cognac le 1er mars 1829.

Scholastique Forest, sa grand'tante, avait épousé N... *Dabescat*, directeur des aydes à Cognac, ils avaient eu : *Jean Dabescat*, prêtre, curé de Cognac, mort le 16 novembre 1786.

Jean-Baptiste Trigant du Petit-Fort en hérita, *M. Dabescat* étant cousin-germain du père de sa femme (*Marie-Anne Forest*) (1).

Jean-Baptiste T. du Petit-Fort avait enterré en 1793 une malle d'archives de famille, afin de soustraire ces papiers aux perquisitions, ils n'ont pu être retrouvés.

Ses quatre filles sont :

1. Thérèse Trigant de Geneste, née à Cognac en 1775, décédée en avril 1804, mariée en 1800 avec *Pierre-Joseph Bertrand des Bru-*

(1) Copie de pièce. — *Gendarmerie Nationale* (7e division). — Je sous-signé, moi Raymond Trigant de Geneste, commandant la gendarmerie nationale du département de la Gironde, déclare avoir reçu du citoyen Trigant, mon oncle (à l'époque où il me chargea de me transporter à Pau en Béarn pour y prendre des renseignements relatifs au procès qu'il avait pour la succession du défunt curé de Cognac), la somme de six cents livres, laquelle dite somme fut consommée en frais des voyages, que nécessita la mission dont il m'avait chargé; dont quittance à valoir pour ledit citoyen Trigant, mon oncle, devant qui il a le droit d'en obtenir, s'il y a lieu, le remboursement.

À Bordeaux, le 13 messidor an V de la République française une et indivisible.

Signé : R. TRIGANT DE GENESTE,

3

nais, né en 1780, mort le 2 février 1856 après avoir contracté une seconde alliance.

Ils avaient eu : *Louis-Adolphe Bertrand des Brunais*, né en février 1803, mort en août 1887 sans postérité.

2. Jeanny Trigant de Geneste, née à Cognac en décembre 1776, morte le 1er juillet 1858, sans alliance.

3. Marie-Anne-Lucinde Trigant, née à Cognac le 22 septembre 1780, décédée à Saint-Lô le 9 novembre 1842, épousa le 29 décembre 1795, *Jean-Marie Formey-Saint-Louvent*, secrétaire général de la préfecture de la Manche, démissionnaire en 1830, Bâtonnier de l'ordre des avocats à Saint-Lô. Il était né le 20 décembre 1795 à Brequeville (Manche), et mourut le 10 octobre 1850, à Saint-Lô.

Ils avaient eu : A, Zoé (1798-1822), religieuse du Bon-Sauveur.

B. — Anaïs-Henriette dont l'article suivra.

C. — *Jean-Paul-Stanislas Formey-Saint-Louvent*, né le 29 mai 1813, mort le 21 juin 1886 à Saint-Lô, père de :

u — *Paul-Marie-Joseph Formey-Saint-Louvent*, juge au tribunal de Caen, ses quatre enfants sont : Antoinette, Charles, Marie et Georges.

b — *Alfred-Marie-Michel Formey-Saint-Louvent*, directeur de la Banque de France à Bayonne, ses cinq enfants sont : Gabrielle, André, Emmanuel, Pierre et Suzanne.

c — *Georges-Marie Formey-Saint-Louvent* (1845-1881), épousa à Cognac en 1808, sa cousine, *Marie-Louise Renault*, et en eut : Hélène, Maurice, Henri, Réné, Jeanne et Louise.

D. — *Jacques-Etienne-Louis Formey-Saint-Louvent* (1815-1869), lieutenant de vaisseau, chevalier de la Légion d'honneur et du Christ.

Anaïs-Henriette Formey-Saint-Louvent, sœur du précédent, naquit le 16 février 1802 à Saint-Lô et mourut le 16 novembre 1873 à Versailles. Elle fut alliée le 16 novembre 1826 à *Pierre-Ange Vieillard de Boismartin*, né en 1778, censeur royal (1820-1824), conservateur en chef de la bibliothèque de l'Arsenal, chevalier de la Légion d'honneur en 1815, bibliothécaire du Sénat, mort à Paris le 13 janvier 1862.

Ils eurent :

a — Marie-Angèle, née le 24 août 1827, morte le 2 janvier 1829 ;

b — Louis-Ernest, né le 25 août 1828, mort le 9 septembre 1835 ;

c — *Edmond-Victor*, né le 6 juin 1830, mort le 19 août 1869, conseiller de préfecture de la Loire, chevalier de la Légion d'honneur, inspecteur général au ministère de l'Intérieur.

d — *Alphonse-Antoine Vieillard de Boismartin*, né le 11 juin 1834, marié le 11 juin 1874 à *Andrèse-Marie-Charlotte-Adrienne Martel*, créole de la Réunion, d'où deux filles :
Adrienne-Marie-Andrèse-Bourbonia,
Et Lucile-Reine-Marie-Charlotte.

4. Marie-Uranie Trigant, née le 11 avril 1784 à Cognac, décédée dans la même ville le 24 juin 1867, épousa en 1810, *Marie-Stanislas de la Fargue*, issu d'une famille de vendéens ardents, née à Montaigu-Vendée le 20 mai 1778, mort à Cognac le 4 septembre 1849, il laissait trois filles, savoir :

Madame *Antonin Renault* (1810-1890) ;

Madame *Alphonse Dodart* (1813-1890) ;

Madame *Alphonse Goguet* (1817-1887).

Desquelles descendent les familles ci-après : *Renault* (à New-York et Londres) ; *Martinez-Picabia Curillon Dodart, Glotin* (à Bordeaux) ; *Vian, de Brémond-d'Ars, Froin de Fleury, Thibeaudeau, Ducorps d'Abbadie.*

Jean Trigant de Geneste, fils aîné de Jean-Pierre, sieur du Petit-Fort et de Mademoiselle Catheau-Arriailh.

Garde du corps du roi Louis XV, avocat au Parlement de Guyenne.

En 1765, il est élu consul, puis, en 1788, échevin de Sainte-Foy-la-Grande.

Dans les papiers de la succession de son père, il trouva plusieurs lettres datées de 1707, 1709 et 1710, et signées « Charles », ce prénom ne lui disant rien, il brûla tout. Plus tard il découvrit dans la bibliothèque de son père un exemplaire des « Lettres persanes » de *Montesquieu*, sur la première page de ce livre était écrit : *Donné en 1722 par mon ami Charles, auteur de ce charmant ouvrage.*

On conçoit si les *lettres de Montesquieu* furent vivement regrettées.

Il épousa à Sainte-Foy, le 25 septembre 1718, *Jeanne-Marie-Maydeleine de Petit des Goulards de la Seguinie*, fille de messire

Hector de Petit, écuyer, sieur des Goulards (1), et de feue *Jeanne Molinier*, parmi les témoins on remarque N... *d'Abzac de Mayac*, cousin.

Ils eurent :

1. Michelle, née le 7 juin 1750, morte à Coutras le 11 janvier 1836, après avoir été unie à *Pierre Poisson*, mort avant 1826.

2. Raymond dont l'article suivra.

3. Vital, baptisé le 7 juillet 1752.

4. Catherine, née en 1756, décédée le 21 octobre 1770.

5. Jean Raymond.

6. Mademoiselle Trigant de Geneste, vivante en 1830.

Raymond Trigant de Geneste naquit à Libourne le 17 juin 1751. Garde du corps du roi dans la compagnie Écossaise le 27 août 1765 (rang de lieutenant), on le trouve en 1781 dans la compagnie *de Noailles*, il quitta le service pour cause de santé le 1ᵉʳ octobre 1786.

En même temps que lui, se trouvaient aux gardes notre trisaïeul *Élie-Joseph Trigant de la Tour* et son frère *de Beaumont*, leur distinction, leur port magnifique, la majesté de leur maintien, leur esprit, les avaient fait remarquer du roi qui ne perdait pas une occasion de leur témoigner de la bienveillance.

Comme ils entraient, un jour, au palais, dans un des salons où Louis XVI, entouré de courtisans, causait, le roi s'interrompit et, ne laissant pas le temps de les annoncer, se retourna, souriant, vers l'assemblée : Messieurs, dit-il, *les beaux Trigant*. Comme bien l'on pense, le mot eut du succès et le surnom resta.

Raymond T. de Geneste devint, le 20 mars 1789, lieutenant des canonniers gardes-côtes de Carbon-Blanc.

Le 15 juin 1791, il est nommé capitaine commandant la gendarmerie impériale, à Bordeaux, il est réformé le 30 mars 1798, puis rappelé à l'activité et replacé dans ses fonctions précédentes le 15 septembre 1802, mis à la retraite pour ancienneté de services le 4 janvier 1815.

---

(1) Le château de Goulard est à Saint-André près Sainte-Foy-la-Grande. La maison de Petit porte : *d'argent* à *deux triangles de gueules posés en abîme, de l'écu surmontés de trois ..... s en pal de...*

Remis en activité comme adjudant de la ville de Paris le 1er juillet 1818, il fut replacé dans sa position de capitaine en retraite le 1er novembre 1820.

Juge à la cour Impériale de la Gironde avant 1806, Louis XVIII le fit chevalier de Saint-Louis le 19 août 1818.

Il mourut le 23 mai 1824.

Il avait épousé à Bordeaux le 16 mai 1781, *Marguerite Pey-chaud* (1), fille de Guillaume, bourgeois, et de *Marie de Lamarzelle.* D'où : une fille, Marie-Jeanne-Magdeleine-Clémentine, née à Bourg-sur-Gironde le 29 juin 1783, alliée à Bordeaux le 7 mai 1813 à *Paul-Aman Boulffroy.*

Raymond T. de Geneste s'unit en secondes noces, le 29 juillet 1816 à *Marie-Victoire-Félicité Jossel.*

Raymond-Jean Trigant de Geneste, frère du précédent, naquit en 1762 et mourut le 18 novembre 1830, président de canton, juge de paix à Coutras.

De son mariage avec *Marie Binet*, née en 1768, morte à Coutras en 1860, naquirent une fille, deux fils, savoir :

1. Marguerite-Anne-Paméla T. de Geneste, née à Coutras le 7 avril 1797, y mourut le 18 juin 1864, elle avait épousé le 15 février 1829 à Coutras, *François-Henri Duluc*, commis à cheval des Droits réunis à Pauillac, fils de *Guillaume Duluc*, ancien avocat, et de *Marie-Heuriet Herlin.* Ils eurent *Charles Duluc, Ernest Duluc,* Mme *Ganivel.*

2. Jean T. de Geneste, conservateur des hypothèques (en 1836 à Montmorillon), décédé à Nantes (Seine-et-Oise), le 3 mai 1844, épousa *Françoise-Emilie d'Arlot de Frugie de la Roque* (3), morte à Paris le 24 novembre 1852.

D'où Marie-Etiennie-Coralie, née à Coutras le 5 janvier 1814.

Et Marie-Aminta, née à Coutras le 28 janvier 1815.

Enfin Marie-Edouard T. de Geneste né à Montmorillon le 23 no-

---

(1) Le château de Peychaud est à Teuillac, près de Bourg-sur-Gironde.

(2) Archives archidiocésaines de Bordeaux, O - 20.

(3) La maison d'Arlot porte : *d'azur, à trois étoiles d'argent surmontées d'un croissant de même en chef et accompagnées en pointe d'une grappe de raisin aussi d'argent tigée et feuillée de sinople.*

vembre 1813, marié aux Eglisottes le 17 novembre 1858 à Françoise Bernerie.

D'où deux fils, l'aîné, Louis, marié.

3. Henri-François-Raymond T. de Geneste, né en 1792, engagé volontaire en 1810, il quitta l'armée avec le grade de sous-lieutenant, après avoir fait la campagne de Russie, où il reçut plusieurs blessures, ce qui lui valut la croix de chevalier de la Légion d'honneur.

Il mourut à Guéret, chez sa mère, le 31 octobre 1845.

En 1827, il s'allia avec *Marie-Anne-Justine Decazes*, née en 1805, actuellement vivante (1), fille de *Mathieu-Benjamin Decazes*, conseiller à la cour de Limoges, né en 1764, et de madame, née *de Péruse des Cars*.

D'où : Marie, née en 1830, morte en 1843.

Louis Valentin, né le 22 mars 1831, mort le 9 avril de la même année.

Un troisième fils ne vécut que quelques mois.

Michel Trigant, sieur de Noble-Cour, fils de François T., sieur du Petit Fort, et de *Marie Duperrieu*, naquit à Libourne le 18 février 1697.

Il eut pour parrain son oncle Michel T. de Marquet, seigneur de la Bahir et de la Tour, et pour marraine *Hélène Richon*, épouse du capitaine Abraham T., sieur de la Grange.

Procureur fiscal de la sénéchaussée de Fronsac à Coutras (2) en 1744 et 1751.

Il habita le hameau de Péristère, paroisse de Maransin, et épousa *Jeanne Loiseau*, qui lui apporta la propriété de Loiseau.

D'où sont issus :

1. Raymond Trigant de Noble-Cour, baptisé à Saint-Christophe de

---

(1) Cette dame a donné en 1895 à M. Edgar Trigant Geneste, sous-préfet, un cachet très ancien dans la famille de son mari; il donne l'empreinte des armes (écu et supports) portées par la branche de l'auteur encore de nos jours. Ecu de forme anglaise avec la couronne de marquis.

Sur le manche en ivoire se trouve sculptée la tête d'Henri III, Plantagenet, roi d'Angleterre, père d'Edward Trigant Ier.

(2) Nous possédons le testament de Pierre de Boussier, écuyer seigneur de Tour Blanche, habitant de Coutras, rédigé le 20 février 1744, devant le dit Michel Trigant.

Double le 5 novembre 1725, il eut pour parrain Raymond T. de Font-Neuve.

Il épousa en sa ville natale, le 8 juin 1757, *Marie* Trigant de Font-Neuve, sa cousine germaine, fille de Raymond, procureur du roi à vie à Libourne et de *Thérèse de Belliquet;* signèrent au contrat: le docteur Jean-Joseph Trigant; Jean T. de la Croix, frère; le *chevalier Jacques de Pressac.*

De ce mariage naquit, en 1758, une fille unique, Suzanne, elle fut mariée à Saint-Christophe de Double, le 10 décembre 1776, avec *Etienne Moreau de Varège* (d'une famille noble de la province), fils de *Claude Moreau,* notaire royal.

L'amorial de 1696 (La Rochelle) donne: *Claude Moreau,* armes *d'azur a une bande d'argent chargée de trois molettes de gueules.*

2. Jean Trigant de Gramont, dont l'article suivra.

3. Jean Trigant de la Croix, seigneur du Puch et autres lieux, dont la notice sera donnée plus loin.

4. Elisabeth, alliée à *Siméon Bourseau.*

5. Jean Trigant de Loiseau, bourgeois de Maransin, demeurant à Péristère, épousa en 1780 mademoiselle *Lefebvre-Latour.* Ils eurent : Raymond-Michel Trigant de Bellair, bourgeois de Maransin, demeurant à Sepeau en 1793.

6. Le docteur Jean-Joseph Trigant, docteur en médecine à Libourne en 1757.

Jean Trigant de Gramont, fils de Michel, sieur de Noble-Cour et de *Jeanne Loiseau,* fut notaire, et procureur fiscal du duché de Fronsac, à Coutras. Il habita son domaine de Gramont, paroisse de la Gorce. Il y mourut en 1759 et fut inhumé dans la tombe de sa seconde femme, au cimetière de cette paroisse.

Veuf avant 1766 de *Marguerite Bourean* il épousa en deuxièmes noces, à Bordeaux paroisse Saint-Siméon, le 20 mars 1766, *Catherine Thouleure* ou *Touluire* sœur de *Bertrand Touluire,* conseiller du roi son procureur à la Gorce en 1777, fils de *Pierre Touluire* et de *Marguerite Fortin.*

De cette seconde union naquirent :

A. (aîné) Michel Trigant de Gramont, dont l'article suivra.

B. Pierre,

C. Michel.

D. Raymond-Michel Trigant de Bellevue, vivant à Bordeaux en 1779, décédé à Maransin le 17 septembre 1806, avait épousé le 3 juillet 1806 *Marie Métayer*.

Le premier, Michel Trigant de Gramont, mort le 4 février 1822 marié à *Jeanne Perier*. Ils laissèrent :

a) Pierre, dont l'article suivra.

b) Etienne, né en 1708 et mort en 1805 à la Gorce.

c) Marie, qui s'allia le 3 juin 1821, avec *Jean Thuranceau*, n° du nom (actes de l'état-civil), propriétaire à la Ruscade.

d) Jean (*alias* Pierre), né en 1709, s'unit à *Jeanne Chaigneau*, d'où : Thomas, né à la Ruscade le 18 février 1814, marié à *Marguerite Jouves*, le 11 décembre 1851 à la Gorce. De ce mariage naquit à la Gorce le 3 juin 1851, Marguerite Trigant, elle épousa le 1er octobre 1874 *Pierre-Guillaume Richon*.

Pierre Trigant, premier enfant de Michel et de Jeanne Périer, naquit à la Gorce le 1er mai 1797, s'unit à Bayas le 11 février 1833 avec *Marie Vergé*.

Ils laissèrent :

1. Jeanne, née à Maransin le 23 octobre 1833, décédée le 31 octobre de la même année.

2. Pierre, né le 4 février 1835, mort le 8 mars 1871.

3. Jeanne, née le 30 mars 1836.

4. Marie, née le 9 juin 1838, morte le 9 novembre 1878, elle avait contracté alliance avec *Jacques Gabories*.

5. Elisabeth, née le 26 février 1844.

Le dernier enfant de Michel et de Jeanne Perier fut : Pierre, né en 1799.

A cette branche appartient :

François Trigant, professeur, né en 1834, marié à *Marie Gayet*, d'où : Gabriel, né le 27 octobre 1863, et François, né le 7 juin 1868.

Jean Trigant de la Croix seigneur du Puch et autres lieux (1) fils de Michel T. de Noble-Cour, vivait en 1780, commis du roi, en la chancellerie près la Cour des Aides et droits y joints de la généralité de Tours. En 1753 il est fermier du roi.

Le 12 septembre de la même année il constitue une rente à *François de Ferrachat.*

Il épousa *Catherine de Pressac* (cette famille appartient à la plus ancienne noblesse de Saintonge), elle vint s'établir en Périgord et était protestante avant la révocation de l'édit de Nantes (2).

De ce mariage naquirent :

1. Michel Trigant de la Croix, né en 1748, mort au Bardillot le 28 mai 1806, habitant de Durandeau, il s'unit à *Marie d'Arlot de Frugie de la Roque* (3).

2. Elisabeth T. de la Croix née en 1751, morte à Thècle le 25 novembre 1811, elle fut alliée le 2 février 1780 à *Gabriel Samson de Morin,* fils de *Thomas de Morin* et de *Marie de Ferchal,* au contrat on remarque la signature de *Jacques-François de Morin,* officier de la connétablie.

3. Henri-Thomas de Trigant, baptisé à Saint-Christophe-de-Double le 2 décembre 1754; parrain, *Thomas de Pressac,* écuyer, habitant de Coutras, seigneur de Lamaux en Saintonge, convoqué en 1780 à l'assemblée de la noblesse de Saintes. Henri-Thomas vivait encore en 1782.

----

(1) Registres paroissiaux de St-Christophe de Double, conservés à la mairie, actes notariés, etc...

(2) On y remarque, Henri de Pressac, chevalier de la Chaize, marié au temple de la Rochelle le 1er août 1628, à Marie Réaux. — La maison de Pressac porte : *D'azur au lion couronné d'or, accosté de huit losanges de même, quatre de chaque côté en pal.* — Les Pressac, seigneurs de Lioncel de Lisle, etc... furent maintenus dans leur noblesse en 1666, on croit qu'ils ont une origine commune avec les Pressac ducs d'Estignac.

(3) Sa sœur, Marie-Paule d'Arlot de Frugie de la Rocque, épousa Michel Bonnin de Matha. Ils eurent Samson Gabriel, né vers 1705 ; son parrain fut Michel T. de la Croix, oncle par alliance. Mlle Paule d'Arlot, probablement veuve de Jacques-François de Morin, elle devait être fille de Léonard d'Arlot de la Roque, chevalier de la Doire et de Marie de Balbot.

4. Marie T. de la Croix baptisée le 23 août 1766.

5. Ursule T. de la Croix, née en en 1762, décédée à la Croix le 21 vendémiaire 1804.

6. Henry-Thomas Trigant de Noble-Cour, né en 1753, nommé le 21 octobre 1784 père spirituel des frères mineurs conventuels dans la paroisse de Pizon, par ordonnance enregistrée au Parlement de Bordeaux le 15 avril 1785. En 1806, il fut maire de Saint-Antoine-de-Pizon. Il s'unit au Pizon le 20 avril 1784 avec *Marguerite Chaudeau*, signèrent au registre Jean Trigant de Geneste, avocat, ancien maire de Sainte-Foy-la-Grande, et *Thomas de Pressac*, chevalier, seigneur de Lamaux et de Razac (1).

---

(1) Registres paroissiaux du Pizon, canton de Montpont, conservés aux archives départementales de la Dordogne.

CHAPITRE V

Prévost Trigant, sieur de la Fraigonnière, et Onésime Trigant, sieur des Rabinières; leur descendance. — Persécutions religieuses.

L'article de Michel T. de Marquet, seigneur de la Bahir et de la Tour devait venir ici pour suivre l'ordre généalogique. Nous sommes obligés pour la clarté du récit de le donner plus loin.

La branche de la Fraigonnière fut d'abord protestante.

Prévost Trigant, sieur de la Fraigonnière, troisième fils d'Onésime, fut contrôleur de l'enregistrement à la Roche-Chalais en 1684 et 1696, il habitait Libourne en 1704 et vivait encore en 1710. Le 9 juillet 1697 une sentence fut rendue entre lui et son frère Guy, comme héritiers sous bénéfice d'inventaire de leur père Onézime, et *Pierre Berthoumé, sieur de Bellefont.*

Il épousa *Marie le Roy* (aliàs *Marianne le Royant*) vers 1680. Les *Le Roy*, bourgeois de Saint-Jean-d'Angély, portent : *D'azur à trois croissants d'argent posés deux et un.*

D'où : Marie Trigant, née à Batier, baptisée le 19 décembre 1703.

Et probablement : Jean Trigant de la Fraigonnière, vivant en 1710.

En 1703, Prévost eut un procès avec *Jean de la Tour du Pin de Gouvernet, chevalier, seigneur de Paulin, marquis de la Roche en Périgord*, capitaine au régiment royal des carabiniers; au sujet de payements annuels, *pour redevances de fiefs*, que ledit Trigant possédait dans le marquisat (1).

Il fut condamné le 21 novembre 1703, à l'ordinaire de la Roche-Chalais, à payer au seigneur ce que celui-ci réclamait. Mais il fit appel de cette sentence par devant l'intendant de la généralité qui lui donna raison et débouta le marquis de sa demande (1704).

_____

(1) Extrait des pièces originales du procès dans la collection de M. Edgar Trigant-Geneste.

Jean Trigant de la Fraigonnière probablement père des trois frères qui suivent :

1. Jean-César Trigant du Chalaure, sieur de la Fraigonnière ;
2. Jean-Pierre Trigant, sieur de Bellevue;
3. Joseph Trigant, sieur de la Citerne.

Jean-César T. sieur du Chalaure et de la Fraigonnière, bourgeois épousa vers 1747 *Anne-François*, ils habitèrent le Chalaure et eurent :

1. François, dont l'article suivra ;
2. Joseph-Jean, né en 1743 mort le 27 décembre 1751 ;
3. Catherine T. de la Fraigonnière née en 1745 morte en 1821, épousa en 1772 François Trigant-Geneste, sieur de Bruant ;
4. Suzanne, mariée le 7 janvier 1767 à Jacques Labouisse.

François Trigant, sieur du Chalaure et de Prévost, fils aîné de Jean-César fut en 1790 agent municipal de la commune du Chalaure plus tard réunie aux Eglisottes (1). Il épousa le 5 décembre 1770 *Elisabeth-Marie Chaucerie* (aliàs *Chaucherie*) décédée avant 1803.

D'où deux fils :

Le cadet Pierre Trigant, né le 2 décembre 1784, mort aux colonies françaises de l'Amérique.

L'aîné, Jean-Pierre Trigant du Chalaure, né à la Roche-Chalais le 8 septembre 1781, filleul de son grand-oncle Pierre T., sieur de Bellevue Il épousa à Bordeaux le 27 messidor 1803, *Marguerite-Nicole-Sophie Bizat*, fille de *Pierre Bizat*, notaire, et de *Marie de Gobineau*, son épouse. Elle était née en 1790 et mourut en 1805. Jean-Pierre Trigant mourut au Chalaure le 6 mai 1810.

Laissant un fils et une fille, savoir ;

Pierre-Léonce Trigant, né à Bordeaux le 6 mai 1806, avoué près la

_____

(1) En 1764, il est qualifié dans un acte de *sieur de Prévost*.

cour de Bordeaux, mort à Béliet le 27 octobre 1803, sans avoir contracté alliance.

Sa sœur Elisabeth-Marie-Aminta Trigant, née aux Trois-Emé (arrondissement de Bordeaux dit du Centre), le 27 brumaire 1804, décédée au Chalaure vers 1887.

Elle s'unit, aux Eglisottes le 22 août 1822 à *François-Théodore Pascal baron de Vigent*, né à Genève le 15 germinal 1800, habitant la Roche-Chalais; fils de *Jean-Pierre baron de Vigent* (1), créé baron de l'empire le 15 août 1811 et promu général de division par Napoléon 1er sur le champ de bataille à la suite d'une action d'éclat, et de *Marie Lartigau*.

Le baron *Pascal de Vigent*, mari de Mlle Trigant, était chevalier de la Légion d'honneur, grand-croix de l'ordre de Charles III, ancien consul général de France en Espagne, il mourut au Chalaure le 22 septembre 1870. Laissant un fils unique, *le baron Evariste de Vigent*, né aux Eglisottes en 1823, actuellement propriétaire du Chalaure.

Jean-Pierre Trigant, sieur de Bellevue, frère de Jean-César T. du Chalaure, cité plus haut, avait pour curateur en 1744, François Trigant, sieur du Maine, on le trouve encore vivant en 1764.

Son frère Joseph Trigant, sieur de la Citerne, épousa *Suzanne Robert*, née en 1717, morte le 11 décembre 1792. Les Robert, famille d'avocats, à Jonzac, portent : *d'azur à un lion d'or*.

D'où :

A. — François, baptisé le 21 décembre 1731.

B. — Catherine, baptisée le 18 mai 1741.

C. — Auguste Trigant de Gautier, bourgeois.

D. — Jean-Pierre Trigant de Gautier, officier de la marine marchande en 1788. Il publia en 1820, une brochure sur la navigabilité de la Dronne.

E. — Jean Trigant, sieur de Gautier, né à la Roche-Chalais en 1739, mort le 28 août 1810. Enrôlé au régiment des volontaires de Flandre, compagnie de Boisgelin, le 1er juin 1755.

----

(1) Les Vigent portent *de sable à l'épée haute en pal d'argent au franc-quartier des barons militaires, de gueules à l'épée haute d'argent.*

En congé pour six mois, le 28 juillet 1756, il est dit dans cette autorisation d'absence, âgé de dix-sept ans, blond, ayant cinq pieds six pouces.

Lieutenant des volontaires en 1761.

Il épousa au temple protestant de la Roche-Chalais, le 9 juin 1765, *Anne Formel*, fille de *Moïse Formel* et de *Suzanne Dumas*, son épouse.

Ils eurent : 1. Jean-Pierre, dont l'article suivra.

2. Marie qui épousa en 1798 *Frédéric Dumas*.

3. Marie-Marguerite, unie le 2 février 1797 à *Michel Ardouin*, fils de *Jacques Ardouin* et de *Suzanne Rougier* ; d'où : *Jean-Théodore Ardouin* ; 2° *Mme Gast* et *Camille Ardouin* qui épousa Elisa Trigant Geneste.

Jean-Pierre Trigant de Gautier, né le 28 octobre 1762, eut pour parrain son grand-oncle Pierre T., sieur de Bellevue, marraine; *Suzanne-Dumas, veuve Formel*, sa grand-mère.

En 1793 il est administrateur (sous-préfet) de Ribérac, pour le Directoire.

Notaire à la Roche-Chalais en 1803, il vendit son étude en 1820. Maire de la Roche-Chalais en 1795 et 1800. Il a publié en 1820 à Bordeaux, chez Lewalle jeune, imprimeur, 20, allées de Tourny, la brochure « la Vieille noblesse et la Rôture », avec un avis aux électeurs, 26 pages in-8° (un exemplaire se trouve à la bibliothèque Nationale).

Il épousa en 1793, Marie-Mélanie Trigant Beaumont, et acheta à la Coudre les propriétés des frères de sa femme.

De ce mariage naquirent :

A. — Jean-Michel, né en 1804, mort le 15 septembre 1813 ;

B. — Suzanne-Coralie, née le 11 février 1802, épousa en 1823 N... *Frichon*, notaire à la Barde, elle mourut le 10 juillet 1863 ;

C. — Anne-Mélanie, née le 19 janvier 1796, mariée à Jacques-André Trigant-Beaumont.

Onésime Trigant, sieur de la Rabinière, quatrième fils d'Onézime. Il vendit à *François Rocquet*, le 2 août 1719, une maison sise à Beauvais-sur-Matha ; conjointement avec les sieurs de la Fraigonnière et de Geneste ses frères (1). Il fut *tuteur des enfants de Pierre Berthoumé, sieur de Bellefont* (2) et *de Déborah Viault* (3).

Il mourut à Batier le 16 août 1728, laisant de *Jeanne Marsault* :

1. Jacques, baptisé à Léparon le 4 août 1688 ;

2. Marie, baptisée le 28 septembre 1692 ;

3. André Trigant, sieur de Prévost, dont l'article suit ;

4. Pierre Trigant-Beaumont, baptisé à Léparon le 20 octobre 1693 (frère jumeau d'André, sieur de Prévot), avocat au Parlement en 1713 ;

5. François Trigant, sieur du Maine.

Il s'opposa à ce qu'il fut fait un inventaire après la mort de son père (1728), mais le *notaire Moreau* passa outre et y procéda sur la demande d'André T., sieur de Prévot, frère de François. En 1748, il refusa l'hérédité de son père.

Le sieur du Maine, fut tuteur de Pierre T., sieur de Bellevue.

Il est témoin le 3 septembre 1724 au mariage de sa belle-sœur *Suzanne Dumas* avec Moïse Formel.

Le 14 mai 1731, il est en difficultés avec Joseph T., sieur de la Citerne, bourgeois.

Le 30 décembre 1742, il signe au contrat par lequel son neveu breton, *Jacques Marsault, sieur de la Mothe* (fils de *François Marsault et d'Isabelle Gast*), épouse *Isabelle Viault*.

Le 18 juillet 1744, il constitue Joseph T. sieur de la Citerne, bourgeois de la Roche-Chalais, pour retirer des mains de *Monseigneur le duc de la Rochefoucauld* les intérêts qui lui étaient dus en qualité de curateur de Pierre T., sieur de Bellevue.

---

(1) Extrait de la *Revue de Saintonge*, année 1880, p. 100. — 2 août 1710. — Vente par *Prévost Trigant, sieur de la Fraigonnière* et sa femme *Marie Le Roy, Onésime Trigant, sieur de la Rubinière, Marie la Farge*, veuve de *Guy Trigant, sieur de Geneste ;* absents et auxquels il promet de faire ratifier au lieu de la Citerne, paroisse de Mons, et *Prévost le Roy*, garde italien ; à *François Rocquet*, maître apothicaire, d'une maison sise à Beauvais-sur-Matha (Rocquet, notaire).

(2) Bellefont appartient aujourd'hui à M. le comte de Saint Saud.

(3) Le conseil de famille se composait de *Michel Trigant de Marquet, seigneur de la Tour*, conseiller secrétaire du roi en l'hôtel de ville de Libourne, *Isaac Brouchard, sieur de Servalles, Charles Brouchard*, avocat, *Abraham Poitevin*, proches parents des mineurs.

Il épousa *Lydie Dumas*, fille de *Mathieu Dumas* et de *Lydie Durand*, d'où : Lydie, baptisée en décembre 1721.

André Trigant, sieur de Prévost, fut baptisé à Léparon le 29 octobre 1693, bourgeois de la Roche-Chalais, il épousa, le 17 juin 1714, à Libourne, *Marie Dumas* (1), on le trouve vivant en 1731.

Il avait des droits sur des biens qui furent vendus le 14 mai 1724, par *Antoine Déroulède, sieur de Favard*, Jean, Antoine et Marie ses enfants ; et *Jeanne Déroulède*, femme de *Jean de la Porte*, écuyer, à *Ignace Joyeux*.

Il eut :

A. — Marie, morte le 25 janvier 1730 ;

B. — Jeanne, morte le 22 février 1730 ;

C. — Jean, mort le 18 décembre 1733 ;

D. — Suzanne, née en 1715, morte en 1792 ;

E. — François T., sieur de Prévost, dont l'article suivra ;

F. — Pierre Trigant-Beaumont, dont l'article suivra ;

G. — Anne Trigant-Prévost, née en 1720, morte sans alliance le 10 décembre 1798 ;

H. — Marguerite-Goton Trigant-Prévost, née en 1726, morte le 10 vendémiaire 1800.

Pierre Trigant-Beaumont, ci-dessus, naquit en 1722 et mourut le 5 septembre 1796. Lui, son frère, et la veuve Prévost, leur mère, sont condamnés par contumace aux galères pour refus d'abjuration du protestantisme.

Ils firent appel devant le Parlement de Bordeaux qui, par arrêt du 16 juillet 1755, condamna le sieur de Beaumont au bannissement par contumace (2). Il épousa Marguerite Cosset, d'où :

1. Joseph, dont l'article suivra ;

2. Louis-Nicolas-Constantin Trigant-Beaumont, habitant Princeteau (New-Jersey), Etats-Unis d'Amérique, en 1800, cohéritier de ses tantes Marguerite et Anne de Prévost.

---

(1) Fille de François Dumas, lieutenant de juge à La Roche-Chalais, mort avant 1612.

(2) Archives départementales de la Gironde, B. 1187.

3. Marie-Mélanie Trigant-Beaumont, mariée le 31 mars 1794, à Jean-Pierre Trigant de Gautier, sous-préfet, notaire, maire de la Roche-Chalais. Elle naquit en 1772, et mourut le 23 décembre 1800, cohéritière de ses tantes Anne et Marguerite Goton Trigant-Prévost.

Le premier Joseph-Pierre-Louis Trigant de Beaumont, né vers 1763, habitant Libourne en 1800, vendit sa part des biens de la Coudre à son beau-frère T. de Gautier. Il épousa *Marguerite Fontémoing* et se remaria en deuxièmes noces en 1808 à *Henriette Fontémoing* (1), sœur de sa première femme, co-héritier de ses tantes Anne et Marguerite Goton T. Prévost.

Il mourut à Libourne le 3 décembre 1831, laissant, de *Marguerite Fontémoing*, morte dans la même ville le 7 août 1803 :

Claire, née le 3 messidor 1802 ;

Et Georges-Etienne, né le 11 mars 1798, marié le 21 novembre 1822 à Marie-Zélie Lanusse.

Enfin Marie-Zulma Trigant de Beaumont, née à Libourne le 16 juillet 1796, morte le 11 avril 1872 mariée le 2 août 1833, à *Antoine-Désiré Anjoy*, veuf de *Marie-Anne Surirey de Bellisle*, fils de *Jean Anjoy* et de *Catherine Vauthier*.

Du second mariage il laissait :

Jean-Etienne Trigant de Beaumont, né à Libourne le 5 octobre 1809, y mourut le 19 mars 1892, percepteur à Rauzan, fondateur du journal *la Chronique de Libourne*. Il épousa le 16 février 1833, *Marguerite Brondeau*, fille de Jean-Baptiste, constructeur de navires.

François Trigant, sieur de Prévôt, frère de Pierre T.-Beaumont, naquit vers 1718, mort le 5 septembre 1750. En août 1750 il adressa une supplique pour reprendre l'hérédité de son aïeul Onésime des Rabinières, qu'André, frère du suppliant, avait acceptée puis répudiée ensuite.

Arrêté pour avoir refusé d'abjurer le protestantisme, emprisonné à Bordeaux, condamné aux galères par contumace, ayant fait appel au Parlement, celui-ci le condamna par contumace au bannissement pour trois ans des sénéchaussées de Libourne et de Bordeaux (2).

---

(1) L'armorial de 1696, donne trois écus différents pour la famille Fontémoing : 1. *de sable à un sautoir d'or* ; 2, *de gueules à trois bandes d'argent* ; 3. *de gueules à trois quintefeuilles d'or posées en bande.*

(2) Dans l'arrêt il est qualifié de sieur de Prévost.

Il épousa *Catherine de Brossard*, et eut :

1. François-Pierre ;

2. Marguerite T. de Prévost, née en 1754, reçut le baptême catholique par ordre de l'intendant de Guyenne *Aubert de Tourny*, le 16 novembre 1754 à la Roche-Chalais ;

3. Jean-Pierre Trigant-Beaumont, né vers 1757 témoin dans un acte en 1812 ;

4. Antoine-André Trigant-Prévost, né en 1759, épousa Marie Trigant-Geneste, fille de Jacques et de *Suzanne Rougier* le 2 juillet 1786. Il mourut le 28 juin 1811 à la Roche-Chalais. Ils eurent : Jeanne-Marguerite baptisée le 5 mai 1788, mariée à la Roche-Chalais le 16 avril 1812 à *François-Elie Broca*, ministre de la religion protestante, elle mourut le 3 janvier 1859.

François-Pierre Trigant de Prévost-Beaumont fils de François T. sieur de Prévot, naquit en 1752, reçut à l'âge de cinq ans le baptême catholique à la Roche-Chalais le 16 novembre 1757 de par les ordres d'Aubert de Tourny, intendant de Guyenne.

Il mourut à la Roche-Chalais le 30 mars 1829, après avoir été allié, dans la même ville le 22 août 1790 avec *Marguerite Frappier*.

D'où sont provenus :

A. — Pierre Bertrand, né à Saint-Domingue le 11 novembre 1794 ;

B. — Jacques, dont l'article suivra ;

C. — Théodore, né en 1802, mort le 24 août 1808 ,

D. — Marie-Lina, née à la Roche-Chalais le 11 mars 1806, alliée le 2 novembre 1825 à *Claude Anboy*.

Jacques-André Trigant-Beaumont ci-dessus, né aux Cayes, île de Saint-Domingue, le 8 mai 1797, marié le 10 janvier 1818 à Anne-Mélanie Trigant de Gautier (1). Ils eurent :

(1) Jugement du Tribunal de Nontron inséré dans les actes de l'état-civil en juillet 1837.
Jacques-André Trigant-Beaumont, né aux Cayes, île de Saint-Domingue, le 8 mai 1797, du mariage légitime de feu Pierre et de Marguerite Frappier, exposé que dans son acte de naissance au ministère de la marine, il est dit par erreur né le 18 octobre 1798, que dans son acte de naissance de 1797 le nom de Beaumont a été omis, que son père y

1. Marguerite-Mélanie, née le 22 novembre 1818. Décédée à Paris en 1864, ne laissant pas de postérité de son mariage avec M. *Edouard Grimard*, directeur de l'Ecole normale de Toulouse ;

2. Jeanne, née en 1820, morte en 1821 ;

3. Jean-François, né en 1824, pasteur à la Roche-Chalais, marié à Caroline-Hermance Gonninie, mort à la Roche-Chalais le 1er mai 1854. Le 8 juillet 1849 il soutint publiquement devant la faculté protestante de théologie de Montauban la thèse Recherches critiques sur le livre des Actes des Apôtres (in-8°, librairie Lapy-Fontanel, Montauban). Cette thèse était la plus étonnante comme érudition et science profonde qui ait jamais été présentée à cette même faculté. Il fut reçu bachelier en théologie, à l'unanimité, avec mention « parfait » ;

4. Suzanne, née 21 juillet 1830, morte à Sainte-Foy-la-Grande, sans alliance.

est dit Pierre-François Trigant-Beaumont. Que par erreur dans son acte de mariage du 10 janvier 1818 avec Mélanie Trigant de Gautier l'exposant est dit né le 11 novembre 1701, que l'officier de l'état-civil s'est servi par erreur de l'acte de naissance d'un frère aîné. Il résulte de l'acte de décès de son père du 30 mars 1829 qu'il a droit au nom de Beaumont, le tribunal ordonne que l'exposant s'appellera Jacques-André Trigant-Beaumont (20 avril 1837).

CHAPITRE VI

Guy Trigant Geneste, sieur de Batier,
cinquième fils d'Onézime; sa descendance.

1. Guy Trigant, de Geneste, cinquième fils d'Onézime, vivait à Batier en 1670, il mourut avant 1719 (1), docteur en médecine. Epousa *Suzanne-Marie la Farge* (Laffarge ou de la Fargue). Il la laissa veuve.

Le 1er juillet 1700, elle eut un procès devant le Parlement de Bordeaux (2).

Ils laissèrent trois filles et un fils, savoir : Louise, mariée à *Isaac Damado*, ancien lieutenant de cavalerie.

Marie-Anne, épouse de *Jacques de Queyssac*, écuyer *(alias Queyssat), sieur de Bourron*, lieutenant au second bataillon du Régiment de la Reine, tous deux vivaient à Batier en 1729.

Jacques de Queyssac fut témoin le 20 juin 1693 au contrat de mariage de *Judio de Queyssac*, sa parente, avec *messire Jean-Isaac de Belcier*, écuyer, *seigneur de Montécoulon*, capitaine au régiment d'infanterie du roi. On remarque au mariage Anne de Queyssat, épouse de François de Meynier, sieur de Fénelon.

Jacques de Queyssat était curateur du frère et de la sœur de sa femme Mme Damade, il eut, de 1728 à 1736, au sujet de cette tutelle, des difficultés avec *Pierre des Cloux, sieur du Terme*, lieutenant de la vicomté de Ribérac (le sieur du Terme fit saisir Batier). Les Queyssat anoblis portent : *D'azur à un chevron d'or surmonté d'un croissant d'argent et accompagné de trois aigles de même, deux en chef et un en pointe* (3).

---

(1) *Revue de Saintonge*, année 1880 p. 400 (ce qui a paru est copié en note au chapitre précédent).

(2) Archives départementales de la Gironde, B. 1411.

(3) Armorial de 1696, Guyenne, p. 301, armes de Jean Queyssat, secrétaire du roi en la Cour des Aides de Guyenne.

2. Jacques Trigant-Geneste, né à Castillon, épousa en l'église Saint-Projet de Bordeaux le 24 juillet 1737 (avec filiation) *Suzanne Rougier*, fille de *Pierre Rougier*, et dont la sœur Jeanne était mariée à *M. de Lérigé de Vermont*.

Le 22 décembre 1670, Jacques T. Geneste vendit à son beau-frère *de Vermont* une maison à la Roche-Chalais (Dordogne). Il eut :

1. Suzanne, baptisée à l'église catholique en 1738, parrain Jacques de Queyssat, écuyer ;

2. François T. Geneste de Bruant, dont l'article suivra ;

3. Nicolas-Jean-François T. de Geneste, garde du corps du roi Louis XVI (dit le beau-garde). Le 21 mars 1767, sous-lieutenant dans la compagnie de Villeroy. Le 21 mars 1782, capitaine de cavalerie (brevet du 1ᵉʳ avril 1788.) Licencié avec le corps le 12 septembre 1791.

Il avait été nommé chevalier de Saint-Louis le 24 avril 1791, non marié (1) ;

4. Pierre-Charles, baptisé en l'église catholique le 19 mars 1762 ;

5. Jean Trigant, sieur de Batier, dont l'article suivra, il continue la descendance ;

6. Marie, née vers 1753, morte le 12 novembre 1833, mariée le 2 juillet 1786 à Antoine Trigant de Prévost.

François Trigant de Geneste, sieur de Bruant, ci-dessus, fils de Jacques et de Suzanne Rougier, naquit en 1741 et mourut à la Roche-Chalais le 28 janvier 1802.

Il épousa le 7 décembre 1792 au temple protestant de la Roche-Chalais Catherine Trigant de la Fraigonnière, née en 1745, morte le 24 février 1821.

Ils eurent :

A. — Nicolas Trigant-Geneste de Bruant qui épousa *Suzanne Troque*, d'où : une fille unique, Suzanne, née à la Roche-Chalais le 22 octobre 1796 ;

(1) M. Edgard Trigant Geneste, sous-préfet, arrière-petit-neveu de ce garde du corps possède son cachet. L'empreinte est aux anciennes armes de la famille (voir chapitre I de cet ouvrage), c'est-à-dire un blason portant trois gants. L'écu est de forme ovale, il est soutenu de supports (oiseaux et fleurs). Timbré d'une couronne de marquis.

B. — Jean Trigant-Geneste de Bruant dont la notice suivra ;

C. — Suzanne de Trigant (1), morte le 23 octobre 1813, après avoir été alliée le 20 avril 1796 à *Pierre Onésime Gast*, fils du *docteur François-Onésime Gast*, et de *Marguerite Chaucerie*. Lui-même docteur en médecine.

Jean Trigant-Geneste de Bruant, fils de François et de Catherine Trigant de la Fraigonnière, naquit en 1774 et mourut le 6 décembre 1828.

Il s'allia en premières noces à la Roche-Chalais le 27 mars 1798 à *Marie Ardouin*, fille de *Jacques Ardouin* et de *Marie-Suzanne Rougier*, elle était née en 1770.

Il s'unit en secondes noces le 13 avril 1808 à *Marie Garnier*, fille de Jacques et de Françoise Enon.

Du premier lit :

A. — Marie-Suzanne, née le 3 mars 1799, morte le 31 mai 1869, mariée en 1822 à *Paul Molinier-Métivier*, fils de Jean et d'*Anne Burleigh* ;

B. — Catherine, née le 20, morte le 23 septembre 1803.

Du second lit :

C. Marie-Suzanne-Elina, née le 7 janvier 1809, morte le 23 juillet 1883, épousa le 18 novembre 1829 *Camille-Michel Ardouin et lui apporta Bruant*.

Il était né en 1807 et était fils de Michel Ardouin et de Marie-Marguerite Trigant de Gautier, d'où : (enfants de Camille-Michel Ardouin).

1. Zeline Ardouin, mariée à son cousin Nicolas Onésime Trigant-Geneste (dont l'article est plus loin).

2. Marie-Elise Ardouin veuve de *Jean-Pierre Frichon* qu'elle épousa le 15 juin 1851 et qui était fils de *Jean-François Frichon*, notaire, et de Suzanne-Coralie-Trigant de Gautier.

(1) Etat-civil de La Roche-Chalais. — Acte de mariage en 1839, de François-Onésime Gast, fils de feu Pierre-Onésime et de vivante Suzanne de Trigant, son épouse, avec Lise Bonniot.

3. Jean Trigant, sieur de Batier, fils de Jacques Trigant, sieur de Geneste et de Suzanne Rougier, naquit en 1747, et mourut en 1801. Il épousa par contrat du 9 mai 1787, reçu par *maitré Leboeuf*, notaire à la Roche-Chalais ; et religieusement avec filiation le 3 juin 1787, *Anne Duffour* fille de feu *Pierre Duffour* et d'*Anne Ardouin*, décédée en 1797.

D'où six enfants, qui sont :

A. François Trigant de Batier, né le 28 juin 1790, marié le 18 août 1817 à *Marthe Bassuet*, fille de Jean Séverin, et de Marie-*Eulalie Corbier*. Il mourut le 29 octobre 1817, laissant : Elisabeth, fille unique, née le 29 juin 1818, mariée le 21 juin 1836 *à François-Amédée Desgraviers*, née en 1811, fils de Nicolas et de *Marie Vidal*. Elle *vendit Batier au frère de son mari*.

Ils eurent *Elie-Nicolas Desgraviers*, né à la Roche-Chalais le 30 juin 1837, Mme Mingeot, Mme Marie Labat ;

B. — Antoine Trigant de Batier, né le 5 avril 1788, allié à Bordeaux le 24 décembre 1814 avec Mlle Gansford, d'où : Mme Gorce, fille unique ;

C. — Jean-Pierre Trigant-Geneste, dont l'article suivra qui continue la descendance.

D. — Jean-Michel, né le 3 septembre 1792, mort le 10 novembre de la même année ;

E. — Antoinette, née le 1er février 1794 ;

F. — Antoine, né le 1er, mort le 3 février 1794.

4. — Jean-Pierre Trigant-Geneste, fils de Jean T. de Batier et de *Anne du Four*, naquit le 16 décembre 1795, à la Roche-Chalais, et mourut le 28 août 1873.

Il épousa, le 10 mai 1815, sa cousine-germaine *Catherine-Virginie Gast*, née en 1797, décédée en 1833, fille de feu le docteur *Onésime Gast* et de Suzanne de Trigant-Geneste.

Ils eurent une fille, deux fils, savoir :

1. Suzanne-Elvina, née le 22 février 1820, morte le 15 avril 1858 ; mariée le 8 novembre 1837 à *Jean-Théophile Ardouin*, né à la Gorce, fils de *Michel Ardouin* et de Marguerite-Marie Trigant de Gautier ;

2. François Trigant-Geneste, dont l'article suivra ;

3. Nicolas-Onezime Trigant-Geneste, né à la Roche-Chalais le 10 juin 1824, mort le 20 avril 1885. Epousa le 15 juin 1852 Suzanne-Zéline-Marie Ardouin, sa cousine, *qui lui apporta Bruant.*

D'où : Edgar-Pierre et une fille, Marie - Suzanne - Elise - Camille, née le 29 juillet 1855, mariée à *Louis - Gaston Crozes*, notaire à Mortagne (Charente-Inférieure), né en 1848, fils de Pierre-Maurice, pasteur protestant, et de *Jeanne Rouanet.*

Edgar-Pierre Trigant-Geneste, fils de feu Nicolas, dit Onézime, et de vivante Suzanne, dite Zéline Ardouin, naquit à Bruant (la Roche-Chalais) le 12 mars 1853, homme de lettres, sous-préfet de Bressuire (1) ; il épousa *Suzanne Rocher.*

Ils ont : une fille Jeanne, née à Bressuire vers 1885 ;

Et un fils, Pierre Onésime-Alcide-Edgar, né à Bressuire le 10 juin 1895.

5. François Trigant-Geneste, *actuellement chef de la branche Geneste-Batier*, né le 7 avril 1821, acheta, vers 1890, le domaine des Grands-Mauberts (Gironde).

Il épousa Loïs Reclus, sœur de l'illustre géographe Elisée Reclus, et fille du pasteur Jacques Reclus, et de *Marguerite Trigant de la Faniouse (cette dernière de la branche de l'auteur).*

Ils eurent :

Une fille, non mariée ;

Et un fils Jacques Trigant-Geneste, docteur en droit, homme de lettres, sous-préfet de Montbéliard, allié le 28 mars 1895 à Stéphany Viard, fille du président du Tribunal civil de Mâcon, conseiller général de l'Ain (2).

---

(1) Nommé secrétaire-général de la préfecture de la Vienne, 1895.

(2) M. Evre Viard, président du tribunal civil de Mâcon, conseiller général de l'Ain, membre de la commission départementale est mort à Gex le 25 décembre 1895 à 63 ans.

CHAPITRE VII

Branche de l'auteur; Ligne directe.

III. Michel Trigant de Marquet, seigneur de la Bahir et de la Tour, *deuxième fils d'Onézime T. de Batier* (1) est le *sixième aïeul de l'auteur.*

Il fut conseiller-secrétaire du roi, en l'hôtel de ville de Libourne, de 1696 à 1718. Membre du conseil de la famille des enfants mineurs de Pierre Berthoumé, sieur de Bellefont, son proche parent.

Il épousa *Catherine Bardon* (2), d'où :

Jean-Pierre dont l'article suivra.

Et Jeanne, baptisée à Libourne le 20 janvier 1694, mariée à Libourne, le 16 janvier 1732, à *Jean Olivier;* décédée le 9 novembre 1747.

IV. Jean-Pierre Trigant de Marquet, seigneur de Brau, *cinquième aïeul de l'auteur,* naquit à Libourne 1692 et y fut baptisé le 30 octobre de la même année, marraine : Hélène Richon, épouse du capitaine Abraham T., sieur de la Grange. Il fut procureur au présidial de Bordeaux, avocat, conseiller du roi; il mourut le 9 février 1765 à Libourne et fut inhumé aux Cordeliers de cette ville.

---

(1) L'article d'Onézime commence le chapitre IV de ce livre.

(2) Cette famille Bardon est très ancienne ; on la trouve alliée à beaucoup de maisons nobles de la province.

Il avait contracté alliance à Bordeaux, le 3 juillet 1724, avec *Marie-Anne Coustault*, née en 1705, morte à Libourne le 23 octobre 1782, fille de *Philippe Coustaut*, bourgeois et ancien lieutenant de maire, et d'*Ursule de Soulignac*(1), son épouse.

D'où cinq fils quatre filles :

1. (Aîné). Messire Philippe Trigant, seigneur de Brau, dont l'article suivra.

2. Michel Trigant de Marquet, né en 1732, mort à Libourne le 29 juillet 1789.

Procureur au présidial de Bordeaux. Il épousa dans cette dernière ville le 23 janvier 1771, *Anne Battar*, née en 1746, décédée à Libourne le 17 novembre 1780. Fille de feu *Jean Battar*, bourgeois de Bordeaux mort avant 1800.

Ils eurent :

A. — Philippe Trigant, baptisé à Saint-André de Bordeaux le 9 novembre 1771, parrain : Philippe T., seigneur de Brau; avocat, oncle; il mourut à neuf ans à Libourne le 6 juin 1781.

B. — Pierre Pascal Trigant de la Faniouse, né à Libourne le 15 avril 1775, baptisé à Bordeaux le 18 avril de la même année; parrain : Pierre Trigant, oncle. Il mourut à la Roche-Chalais le 8 octobre 1810.

Percepteur des contributions directes à la Roche-Chalais; il épousa dans cette dernière commune, le 2 septembre 1804, *Rosalie Gast*, fille de feu *le docteur François-Onézime Gast* et de *Marguerite Chaucerie*, son épouse.

Ils eurent :

a) *Zeline-Marguerite-Hélène de Trigant* (2), née à la Roche-Chalais le 10 janvier 1805. Elle s'allia le 26 janvier 1824 à *Jacques Reclus*, pasteur de l'arrondissement consistorial de Montcarret,

---

(1) L'Armorial de 1696 (Saintonge) dit à la p. 590 : *François de Soulignac*, écuyer, porte : *d'or, à un lion de gueules*.

(2) Actes de l'état-civil.

section de la Roche-Chalais, né à Foy le 27 juillet 1796; fils de *Jean Reclus* et de *Jeanne Virolles*, son épouse.

De ce mariage naquirent entre autres enfants : *l'illustre géographe Élisée Reclus*, né à Sainte-Foy-la-Grande (Gironde) en 1830, et Madame *François Trigant-Geneste, née Loïs Reclus*.

On remarque parmi les témoins au mariage de M. le *Pasteur Reclus* avec Mlle de *Trigant*, le *chevalier Michel Decazes*, officier de la Légion d'honneur, cousin de la fiancée ;

b) Mlle Louise, née à la Roche-Chalais le 9 avril 1812. Elle s'unit, à la Roche-Chalais, le 26 avril 1836, avec *Pierre-Léonce Chaucerie*, fils de *François Chaucerie* et d'*Anne-Nancy Aubier*, son épouse.

3. Pierre-Philippe Trigant (fils de Jean-Pierre et de Marie Coustauld), baptisé le 6 mai 1726, parrain : *Pierre Taillefer*, avocat en la cour, assesseur à l'hôtel-de-ville de Bordeaux, vivant, 1775.

4. Marie-Anne, née le 16 avril 1727, décédée en 1747.

5. Marie-Catherine, née en 1728, baptisée le 3 avril de la même année. Probablement décédée à Libourne sans alliance en 1789 ;

6. Guillaume, né en 1744, mort le 17 juin 1748 à quatre ans ;

7. Marie-Anne-Modeste, née le 27 décembre 1736 à Libourne, y mourut sans alliance le 11 décembre 1821 ;

8. Philippe-Joseph, né en 1737 ;

9. Marie-Thérèse-Josèphe, née le 14 septembre 1745, morte en 1746.

TROISIÈME PARTIE

CHAPITRE VIII

Branche de l'auteur (suite). — Philippe Trigant, seigneur de Brau, sa descendance, alliances avec les *de Gintrac, de Paty, de Roberjot, de Brachet, de Sauvage*, duc Decazes. — Le duc Decazes, premier ministre de Louis XVIII. — La belle madame *Princeteau*. — La famille Decazes.

V. Messire Philippe Trigant, seigneur de Brau, quatrième aïeul de l'auteur, fils aîné de Jean-Pierre et de *Marie Coustault*, naquit à Libourne le 30 mai 1725.

Il eut pour parrain son grand-père maternel *Jean-Philippe Coustault*, ancien lieutenant de maire, et pour marraine madame *Olivier*, sa tante.

Il fut reçu avocat au Parlement de Bordeaux en 1745 et exerça jusqu'en 1786.

Des lettres de bourgeois de Bordeaux lui furent délivrées le 27 mars 1773. — Franc-maçon à l'Orient de Bordeaux, garde des sceaux et archives de sa loge.

Propriétaire du domaine de Maine-Blanc, à Guîtres, en 1759, juge dans cette commune en 1788.

Il fit, en 1786, un voyage à Saint-Domingue où il avait de grands biens. Et mourut à Pomerol (Gironde) vers 1793.

Il épousa en premières noces, à Guitres, le 3 janvier 1749, *Marguerite de Gintrac*, fille d'*Elie-Joseph de Gintrac* (1), écuyer, avocat, qui testa en 1772, et de *Marie-Catherine Dubois*. Mademoiselle de Gintrac était petite nièce de *M. de Paty* (2), gouverneur de Saint-Domingue.

Philippe T., seigneur de Brau, eut de son premier mariage quatre fils et trois filles, savoir :

1. Ainé Messire Elie-Joseph Trigant de la Tour ;

2. Catherine, Madame Decazes ;

3. Jean Trigant de Beaumard ;

4. Marie-Rosalie, marquise de Brachet ;

5. Le comte Hélie-Joseph Trigant de Beaumont ;

6. Messire Auguste-Mathurin Trigant de Brau ;

7. Marie, Madame David.

De son second mariage avec Marie de Roberjot, fille du greffier en chef de l'élection de Guyenne, bénit à St-Genès de Talence le 30 janvier 1772, il eut une fille unique, Marie-Catherine-Elisabeth, Madame de Sauvage, puis Madame Séjourné.

Nous Jean-Henry, comte de Galard-Béarn, ancien capitaine des vaisseaux du roi, chevalier de l'ordre royal et militaire de Saint-Louis, lieutenant de maire, adjoint de la ville de Bordeaux,

Attestons à tous ceux qu'il appartiendra que Monsieur Trigant père, avocat de ce Parlement, y exerce sa profession depuis plus de quarante ans avec célébrité, qu'il a la confiance publique que les enfants qu'il a eu de son premier mariage avec la demoiselle de

---

(1) Les *de Gintrac*, à Guitres, portent : *échiqueté d'argent et de sable*. Armorial de 1696, page 320, armes de *Sicaire de Gintrac*, juge de Guitres.

(2) *De Paty*, en Guyenne, porte : *D'or à un lion de sable et une bande de gueules brochant sur le tout.*

Gintrac, petite nièce de M. de Paty, gouverneur de Saint-Domingue, consistent dans un fils aîné nommé Elie Trigant de la Tour, conseiller assesseur au conseil souverain du Port-au-Prince ; un autre fils nommé Mathurin Trigant de Brau, que ce nom de Brau est celui d'une seigneurie en fief noble appartenant à cette famille, située dans le duché de Fronsac, paroisse de Bonzac ; que ledit Mathurin Trigant, qui avait d'abord pris l'état ecclésiastique, se distinguait pour lors de ses frères par le nom d'Auguste, et que, dans la suite, il porta le nom du dit fief de Brau dans un ouvrage académique de *l'Eloge de Montesquieu*, qui lui fit un honneur infini et qu'on regarde comme prodigieux pour son âge, s'adonna au barreau et, son frère aîné l'ayant déterminé à passer dans la colonie du Port-au-Prince, il y a également été reçu conseiller assesseur dans le même conseil souverain. Que mon dit sieur Trigant père a deux autres fils dont l'un, officier dans la marine royale, est appelé de son nom de Beaumont et l'autre dénommé de Beaumard.

Que ledit Trigant de Beaumont a épousé la demoiselle Charlier du Port-au-Prince, et que l'autre non marié y tient une maison de commerce sous le nom de d'Aubaignac et Trigant, que de trois filles que mon dit sieur Trigant père a eu de son dit premier mariage avec ladite demoiselle de Gintrac ; l'aînée est mariée à M. Decazes, lieutenant particulier du présidial de Libourne. La cadette à M. de Brachet, gentilhomme de cette province. La troisième avec M. David, lieutenant général criminel dudit présidial.

Et que du second mariage dudit sieur Trigant père avec la demoiselle de Roberjot, fille de M. de Roberjot, greffier en chef de l'élection de Guyenne, il n'a qu'une fille unique, et que ces familles jouissent de toute l'estime publique dans Bordeaux. En foi de quoi nous avons délivré et signé la présente attestation à laquelle nous avons fait apposer le sceau de nos armes et contresigner par notre secrétaire, à Bordeaux dans notre hôtel ce premier mai mil sept cent quatre-vingt-sept.

Signé : le comte DE GALARD DE BÉARN,
par M. le Comte DUOAY.

Marie-Catherine-Elisabeth de Trigant, fille de Philippe, seigneur de Brau et de Marie de Roberjot, son épouse, naquit à Pomerol le 20 juillet 1774.

Elle épousa en l'église Saint-Siméon de Bordeaux le 3 décembre

1788, messire Marc-Luc-Michel-Pierre-Joseph-Bénoni de Sauvage de Marens, écuyer, d'où un seul enfant (1).

Joseph de Sauvage qui appartient à la noblesse de l'Agenais, était fils de feu messire Luc de Sauvage de Marens, écuyer, capitaine de la première compagnie des volontaires du quartier rouge de Fort-Dauphin (Saint-Domingue), et de Marie-Thérèze Dieudefoy de Ravine (*aliàs* Dieu de Fez de Raviers).

Devenue veuve, Mademoiselle Trigant épousa en secondes noces à Bordeaux le 12 juillet 1813 Pierre Séjourné, ce dernier mourut à Pau en septembre 1832. Elle-même décéda en 1848.

Marie de Trigant, troisième fille de Philippe, seigneur de Brau, et de Marguerite de Gintrac, son épouse, naquit à Guîtres le 13 janvier 1762, s'unit à Bordeaux, paroisse Saint-Siméon, le 28 septembre 1782 avec *Pierre David*, bachelier en droit, avocat, lieutenant général criminel du présidial de Libourne, fils de *Raymond David*, bourgeois et de Jeanne Rabaud, son épouse.

Parmi les signataires du contrat : Devix, avocat, Sermensan, avocat, de Roberjot.

Sa sœur Marie-Rosalie de Trigant, naquit à Guîtres le 4 janvier 1758, parrain Jean Rideau, bourgeois de Guîtres, marraine Marie de Gintrac, sa tante. Elle fut alliée en l'église Saint-Siméon de Bordeaux, le 12 août 1784, à Léonard de Brachet, écuyer, gentilhomme de Guyenne, fils de Jean-Simon de Brachet, écuyer, receveur des domaines du roi de Lussac en Puy-Normand, et de *Marguerite de Vacher*, son épouse.

Le contrat signé par Sermensan fils, Sermensan père, de Roberjot-Voland, de Martin.

Elle vivait encore en 1828.

Son descendant est le marquis de Brachet de Floressac, marié à Mademoiselle du Douët de Carbonnel.

Catherine de Trigant, fille aînée de messire Philippe, seigneur de Brau et de Marguerite de Gintrac, est née à Guîtres en décembre 1750.

Elle épousa le 1er janvier 1779, le chevalier *Michel Decazes*.

_____

(1) Cet enfant était un fils. Il eut plusieurs enfants, parmi eux : Isabelle de Sauvage, née en 1828, mariée en 1850.

D'où : 1. l'illustre et vénéré chef de notre famille *Elie Decazes duc et pair, premier ministre de Louis XVIII ;*

2. Joseph-Léonard, marquis Decazes, conseiller d'Etat ;

3. Marie-Catherine Decazes, Madame Lacaze ;

4. *Marie-Zélima Decazes, Madame Théodore Princeteau.*

Le chevalier *Michel Decazes*, sieur de Monlabert, issu d'une famille noble connue en Guyenne dès le xie siècle, était né à Libourne le 20 février 1747 du mariage de *François Decazes*, notaire royal, procureur au présidial et de *Marie-Catherine Duperrieu* (sœur de M. Duperrieu, conseiller à la Cour des Aides de Guyenne) (1).

Michel Decazes, avocat au Parlement de Guyenne, devint lieutenant particulier du présidial de Libourne de 1777 à 1790. Conseiller général de la Gironde de 1800 à 1825. Officier de la Légion d'honneur en 1821. Il mourut au château de la Grave en 1833. Sa femme le suivit de près dans la tombe, elle succomba à la Grave le 17 juin 1834. Tous deux reposent au cimetière de Bonzac, dans le caveau où plus tard devait être inhumé leur illustre fils le duc Elie.

Madame Théodore Princeteau, fille des précédents, la belle Madame Princeteau, naquit à Libourne le 5 août 1787. Elle reçut les prénoms de Marie-Zélima par abréviation Zélia (2). Elle fut alliée en 1805, au poète Théodore Princeteau, et mourut en 1870.

Elle avait eu deux filles et un fils, le général Charles-Edouard Princeteau, né en 1807, élève à l'Ecole Polytechnique 1820-1830, général de division, inspecteur général de l'artillerie, président du comité d'artillerie. Directeur du comité supérieur de la guerre, non marié, il mourut le 24 mars 1870 et fut inhumé au cimetière de Bonzac.

Le ministre *Elie Decazes*, naquit au château de Malfard à Saint-Martin du Laye (Gironde), le 24 septembre 1786, nous n'entreprendrons pas son histoire, il nous faudrait en dire trop de bien, un volume n'y suffirait pas.

Il fit de brillantes études chez les Oratoriens du *collège de Vendôme*. Avocat, il vint à Paris et entra au ministère de la Justice,

(1) Cette famille était alliée aux Trigant.

(2) Nous faisons remarquer que Madame Princeteau ne portait pas le prénom de *Zoé*. Au reste, il est prouvé aujourd'hui que les prétendues relations de Madame Princeteau avec le roi Louis XVIII n'ont jamais existé.

Il y fut bientôt chef de division; et épousa le 5 août 1805, *Elisabeth Muraire*, fille de M. *Muraire, comte de l'Empire*, conseiller d'État, premier président de la Cour de cassation, grand-croix de la Légion d'honneur, député du Var.

Elie Decazes fut nommé juge au tribunal de la Seine, et en 1807 conseiller à la cour d'appel. *Louis Bonaparte, roi de Hollande*, frère de l'empereur, le prit pour conseiller à la Haye, sa santé ne lui ayant pas permis de rester au Pays-Bas, il revint en France comme représentant du roi de Hollande, après l'abdication de ce monarque 1810, il le suivit à Toëplitz, puis il fut secrétaire des commandements de Madame mère, capitaine de la deuxième légion de la garde nationale en 1814, royaliste fervent et convaincu, il servait la patrie en servant l'empereur; exilé de Paris pendant les Cent-jours.

Le 9 juillet 1815, Louis XVIII le nomme son ministre de la police générale, il lui donne en toute propriété le domaine du Gibaud. Député de Paris en 1815, il fut créé comte le 27 janvier 1816. Armes : *d'argent à trois têtes de corbeaux arrachées de sable.* Supports : *un lion et un griffon le tout environné du manteau de pair de France.* L'exécution du maréchal Ney, qu'il croyait hors de France et qu'il avait tout fait pour empêcher lui valut sa mise en accusation par la Chambre; il répondit en provoquant l'ordonnance royale de dissolution du Parlement du 5 septembre 1816.

Le 31 janvier 1818, il est fait pair de France.

Veuf de Mademoiselle Muraire en 1806, le roi demanda pour lui la main de Mademoiselle Egédie Wilhemine de Beaupoil de Sainte-Aulaire, fille du député de ce nom, et de Wilhemine de Soyecourt, princesse de Sarrbruck-Nassau, petite-fille du prince régnant, alliée au roi de Danemark.

Louis XVIII et toute la famille royale signent au contrat de mariage.

Le 29 décembre 1818, Elie Decazes est nommé ministre de l'Intérieur. Le 19 novembre 1819, il devient premier ministre, il démissionne le 10 février 1820. Le même jour, il est créé duc et nommé ambassadeur à Londres, il quitte cette fonction en 1821.

En 1834, il est promu grand référendaire de la Chambre des pairs.

En 1811, grand-croix de la Légion d'honneur. Aidé de Cabrol il créa en 1822, les forges de Decazeville.

C'est à Paris que mourut le 24 octobre 1860 Elie Decazes. Sa dépouille mortelle fut ramenée à Bonzac où eut lieu le service funèbre, l'abbé Chabanne, curé de Libourne, termina son oraison par ces mots :

« Paris l'a vu dans ses somptueuses basiliques et toi, modeste église de Bonzac, tu as contemplé cet édifiant spectacle : il y a un mois à peine qu'à cet autel, l'illustre vieillard, le noble duc, humblement agenouillé, a montré à tous par une communion fervente que le service de Dieu n'est incompatible, ni avec un grand esprit ni avec un grand cœur. »

Le 22 janvier 1805, la statue d'Elie Decazes a été inaugurée à Borde... x en présence du préfet de la Gironde entouré des membres de la famille : le duc Charles Decazes, le marquis de Sainte-Aulaire, le comte de Lowenthal, le marquis Decazes, le général Edouard Princeteau, le baron Théodore Trigant de Latour son neveu, le comte Trigant de Beaumont son neveu, le comte de Carbonnel, le baron Louis Decazes.

Le second duc Decazes, naquit le 29 mai 1819. Il épousa Mademoiselle de Lowenthal en 1863. Ambassadeur à Londres, député, ministre des affaires étrangères, président du conseil général de la Gironde, il mourut en 1886, laissant : 1. une fille, Wilhemine-Egérie, née le 14 avril 1865, mariée à M. Deville Brandelys de Sardelys, officier.

2. Le duc Jean-Elie Decazes, né le 30 avril 1864, premier conseiller de Monseigneur le duc d'Orléans, il épousa Mlle Singer, dont postérité.

Jean Trigant de Beaumard, deuxième fils de Philippe T., seigneur de Brau, naquit à Guîtres le 17 octobre 1750, parrain, *Denis de Gintrac*, grand-oncle, marraine, *Anne de Gintrac*, tante ; en 1787 on le trouve au Port-au-Prince, il y mourut peu de temps après, sans postérité.

Son frère, messire Auguste Mathurin, comte Trigant de Brau, écuyer, né à Guîtres en 1761, entra dans les ordres, mais ayant fait un ouvrage académique, *de l'Eloge de Montesquieu*, qui lui fit un honneur infini et que l'on regarde comme prodigieux pour son âge, il quitta l'état ecclésiastique pour le barreau, son frère aîné l'ayant appelé à Saint-Domingue, il y arriva le 15 février 1785.

Et à la fin de la même année il fut nommé conseiller du roi, assesseur au conseil supérieur du Port-au-Prince. Deux ans après (1787), le conseil du Cap fut réuni à celui du Port-au-Prince sous le nom de conseil souverain de Saint-Domingue, il se trouva le doyen de cette assemblée. Il exerçait encore en 1789.

En 1811, il devint conseiller à la cour de Bordeaux. Il exerçait encore en 1836, chevalier de la Légion d'honneur.

De son mariage avec Magdeleine Lamour, qui décéda après 1852, il n'eut pas d'enfants.

Il habitait, 15, cours de l'Intendance, à Bordeaux et avait, aux portes de la ville, route de Bayonne, à Talence, un domaine magnifique. Il mourut dans sa maison de Bordeaux le 18 janvier 1841 ; le décès fut déclaré par M. *Eugère Béro*, substitut du procureur du roi et M. *Elie de Kirwan*.

CHAPITRE IX

Branche des comtes de Beaumont. — Alliances avec les Leymarie de Blassighac, de Sens, de Cambry, de Chalabre, du Tasta, barons Portalis.

Hélie-Joseph, comte de Trigant de Beaumont, troisième fils de Philippe T., seigneur de Brau, et de Marguerite de Gintrac, naquit le 10 octobre 1759. Il épousa au Port-au-Prince, avant 1780, Marie-Victoire-Adélaïde Charlier.

Il fut émancipé par son père en 1789.

Capitaine des vaisseaux du roi; au combat de la baie de Campêche (Antilles), ayant sous ses ordres la frégate *La Licorne*, il résolut de se sacrifier pour sauver l'escadre française commandée par l'amiral d'Estaing et poursuivie par la flotte anglaise de l'amiral Royle, bien supérieure en nombre.

Il soutint pendant plusieurs heures un combat acharné qui sauva les Français. Enfin, *La Licorne* faisant eau de partout bien qu'ayant le feu à bord, complètement désemparée et sur le point de couler, ayant presque tout l'équipage tué ou hors de combat, le brave commandant ordonna le sauve-qui-peut. Les hommes valides s'élancèrent à la mer, quelques minutes après le navire était englouti, et, sur la surface du vaste océan, il ne restait plus que cinq hommes qui luttaient contre la mort.

Par moment, l'un des nageurs, épuisé, disparaissait dans l'abîme. Enfin, après plus de cinq heures, le brave commandant fut recueilli par une barque de pêche, il était temps car il s'évanouit aussitôt.

En récompense, *Louis XVI le créa Comte à brevet et le nomma maréchal des camps et armées du roi.*

Il était chevalier de Cincinnatus. Il se cacha à Bouzac à l'époque de la Révolution, mais le titre de « Cultivateur » qu'il se donnait ne parvint pas à le soustraire aux recherches des terroristes. Il dut émigrer; et fut alors *garde du corps de Monsieur* (1).

_____

(1) Du fait de son émigration, son mariage se trouvait rompu de par les décrets de la Convention.

L'empire le remit colonel d'infanterie, mais Louis XVIII lui donna le titre de général de division. Il devint aussi grand-croix de la Légion d'honneur, commandeur de Saint-Louis, le 30 septembre 1818. Puis inspecteur général de gendarmerie.

Enfin Louis XVIII le créa *Comte héréditaire*.

Armes : *d'azur à deux lions affrontés d'argent soutenus de sinople au chef d'argent chargé d'un croissant de gueules.*

Devise : *Fac et Spera.*

Son divorce ayant été confirmé le 13 nivôse 1706 d'avec Mademoiselle Charlier, cette dernière comme absente depuis plus de cinq ans (1), il épousa, en secondes noces, *Elisabeth de Leymarie de Blassignac*. (La maison de Leymarie porte : *d'or à trois roses de gueules feuillées de sinople*).

Il reçut, en 1822, un brevet de pension de l'ordre de Saint-Louis, et mourut au château de Perin d'Iloge à Bonzac, en 1832.

De sa première union il avait :

A. — Philippe Mathieu, baptisé le 1er mars 1783, à Bordeaux, parrain : Philippe Trigant, seigneur de Brau, avocat, grand-père. Marraine, Marie-Angélique Glaise (2).

B. — Mademoiselle T. de Beaumont qui habitait Natchez (Etats-Unis) avec son frère Louis, en 1856.

C. — Louis Trigant de Beaumont, né vers 1790, mort à la Nouvelle-Orléans Louisiane (Etats-Unis), le 20 février 1880, probablement sans postérité.

Le général eut encore de son premier mariage un ou deux autres enfants.

---

(1) Celle-ci se trouvait aux Etats-Unis d'Amérique avec ses enfants et croyait son mari mort. De son côté, lui la pensait morte avec ses enfants dans les évènements de St-Domingue, le mariage était rompu du fait de l'émigration du général.

(2) Les fils du premier mariage du général comte T. de Beaumont, en raison de leur qualité de citoyens américains, ne pouvaient pas prétendre à hériter du titre de comte de leur père.

De son second mariage le général laissa :

1. Elie-Paul, comte de Trigant de Beaumont, qui suit ;

2. Eugène-Pierre, vicomte de Trigant de Beaumont, né à Bonzac, le 17 vendémiaire 1804 il mourut le 10 août 1862, chef de division au ministère de l'Intérieur. De son mariage avec *Mademoiselle du Tasta* (1) vivante en 1876, ils eurent :

Madame Gardère,

Et : Louis-Henry Trigant de Beaumont, né en 1810, ancien chef des services du personnel au ministère de l'Intérieur, ancien secrétaire de la *Société nationale d'encouragement au bien*. Il épousa en l'église Saint-Jean-Baptiste de Neuilly le 4 juillet 1876 Gabrielle-Louise-Marie Hobeniche; contrat passé par devant maître Desjardins, notaire à Neuilly-sur-Seine le 1er juillet de la même année.

3. Elie-Laurent *(alias* Lowan) baron de Trigant de Beaumont plus connu sous le nom de Trigant de l'Arc, baptisé à Bonzac le 23 septembre 1806, capitaine des hussards en 1847. Il épousa *Louise-Noémie Roger de Chalabre*.

D'où : Julie-Elise-Marie, née à Saint-Germain-en-Laye le 16 février 1845, unie le 21 novembre 1861 avec *Pierre-Joseph-Ferdinand Lapène*, capitaine aux zouaves pontificaux.

4. *Madame Damemme* (Catherine-Amélie Trigant de Beaumont), naquit à Bonzac en 1800 et mourut le 20 janvier 1855, sa fille Anne-Elisabeth, morte en 1863, était mariée au *baron Jules-Joseph de Portalis*, décédé avant elle ; d'où postérité.

5. *Madame D. Welles*, puis *Madame de Sens;*

6. *La marquise de Cambry* (Anne Trigant de Beaumont), née en 1790, décédée le 15 mai 1881, mère de madame Lemoine de Sainte-Marie, et de madame de Boispréaux, morte le 12 novembre 1881.

Elie-Paul, comte Trigant de Beaumont, naquit à Bonzac le 12 brumaire 1803, maire de Bonzac en 1842.

Lieutenant-enseigne aux gardes en 1830.

Il épousa *Louise-Zénobie Roger de Chalabre* (2), d'où :

1. Palmyre, née en 1822, mariée à Jules Marcon, décédée au

---

(1) Le château du Tasta est à Saint-Aignan, près Fronsac.

(2) Sœur de Louise-Noémie, mariée à Laurent T. de Beaumont.

Séguineau (Dordogne), en février 1895 laissant un fils et une fille
la vicomtesse de Saint-Cyr de Montlaur ;

2. Un fils, Elie-Joseph-Louis-Arthur comte de Trigant de Beaumont, né au château de Perin d'Hoge (1), à Bonzac, le 4 mars 1832,
maire de Parempuyre (Gironde), où il possédait le château
le Flamand (2). Vice-président du grand cercle de l'Union de
Bordeaux.

Il épousa le 7 juin 1858, *Marie-Gabrielle Capelle*, fille de Pierre-
Félix et de Marie-Mercédès Giraldès de Casa Palacio et arrière-petite-
fille du *lieutenant-général marquis de Casa-Palacio*, chef de la
maison militaire de Sa Majesté catholique. Enfin petite-fille du
général comte Donat, aide de camp du roi de Naples, et de
la générale Donat, fille du roi Ferdinand VII de Bourbon.

Ils eurent le vicomte Gabriel de Trigant de Beaumont, propriétaire du château de Carignan, non marié, membre du Jeu de Paume
de Bordeaux.

Le comte Elie-Joseph-Louis-Arthur, épousa en secondes noces à
Bordeaux le 23 mai 1861 la sœur de sa première femme, Marie-
Mercédès Capelle, née à Bordeaux le 4 novembre 1858 ;

D'où un seul enfant :

Antoine, baron Trigant de Beaumont, sorti de l'école militaire de
Saint-Cyr, lieutenant au 107ᵉ de ligne. Allié à Bordeaux église
Notre-Dame, le mardi 19 avril 1892, avec *Louise-Marie-Jeanne-
Yvonne Saulnier*, témoins pour la fiancée : M. Darieu, son oncle, et
M. de Magnitot.

Ils ont une fille, *Christiane*, née le 3 juin 1893.

C'est à cette branche de notre maison qu'appartenait le domaine et
le château de Trigant, à Villenave-d'Ornon (Gironde).

---

(1) Vendu en 1800.
(2) Vendu en 1891.

QUATRIÈME PARTIE

CHAPITRE X

Branche de la Tour. — Saint-Domingue. — Le conseil souverain de l'île. — Le dernier procureur du roi. — La révolte des noirs. — Alliance avec la maison de Martin (Limousin).

VI. Messire Elie-Joseph de Trigant de la Tour, écuyer, fils aîné de messire Philippe, seigneur de Brau et de Marguerite de Gintrac, naquit à Libourne le 28 octobre 1752. Il eut pour parrain Elie-Joseph de Gintrac, écuyer, son grand-père, et pour marraine Marie Coustault.

Garde du corps de Louis XVI.

En 1777, il est reçu avocat au Parlement de Bordeaux. Le 5 mai 1778, il entra dans la loge franc-maçonnique de l'Orient de Bordeaux (rite Ecossais).

En 1781 il passa à St-Domingue où il était propriétaire.

Le 7 janvier 1782, il prend par intérim les fonctions de lieutenant de juge au Port-au-Prince.

Le 7 juin de la même année, il est nommé par intérim procureur du roi au Port-au-Prince.

Le 1er mars 1784, il devient *conseiller du roi, assesseur au conseil souverain de Saint-Domingue;* il part pour la

France et, le 15 juillet 1784, il épousa en l'église St-Remy de Bordeaux Anne-Thérèse-Françoise-Marguerite *Martin de Compreign ic* (1) (contrat passé le 13 juillet 1784 par devant *Cheyron*, notaire à Bordeaux).

En 1785, nous le retrouvons au Port-au-Prince.

Le 12 mai 1787, Louis XVI le nomme son procureur au Port-au-Prince, fonction qu'il avait déjà remplie par intérim, cette charge lui valait de trente à quarante mille francs l'an.

En 1793 éclata l'insurrection des noirs à Saint-Domingue, il y perd toute sa fortune évaluée à plus de douze millions de francs, et se réfugie aux Etats-Unis d'Amérique ou en 1801 il habitait Elisabethtown.

Il mourut en 1802 à Saint-Domingue, victime des noirs.

Il laissait deux fils :

Antoine-Marie-François Théodore, baron Trigant de la Tour, et Louis-François T. de la Tour.

Madame Elie-Joseph T. de la Tour, née Anne-Françoise-Marguerite *Martin de Compreignac*, naquit au Port-Louis, pointe d'Antigue, Grande-Terre Guadeloupe, le 2 août 1767.

Elle était l'unique enfant du mariage de *François-Martin* avec *Anne-Thérèse Couppé du Bést*.

Son père naquit à Saint-Martin-de-Queyras, diocèse de Limoges en 1744, issu d'une ancienne famille de noblesse limousine, il mourut à Saint-Domingue le 1er février 1770.

Madame *François Martin*, sa mère, mourut le 2 août 1767 jour de la naissance de sa fille, elle fut inhumée à la Guadeloupe, dans l'église du Port-Louis, où les *Couppé* avaient droit de sépulture.

_____

(1) La maison de Martin, en Limousin, porte : *Ecartelé aux 1 et 4 d'azur à la tour d'or aux 2 et 3 de gueules à la face d'or* (*Nobiliaire du Limousin*, par Nadaud, page 344).

Elle était fille de *messire Couppé du Best* et de *Marie-Anne Titeca*, son épouse.

Madame Elie-Joseph T. de la Tour, eut pour marraine sa grand'mère, née Titeca et pour parrain, *messire Jean-Baptiste Martin*, prêtre séculier et archiprêtre de Saint-Repary, près Limoges, frère de son père.

Comme on l'a vu plus haut elle ne connut pas sa mère, et perdit son père lorsqu'elle avait dix ans, elle eut pour tuteur *messire Arnaud-André de Roberjot-Lartigue*, trésorier principal de la marine et de la colonie de Saint-Domingue.

Elle eut pour dot des biens situés à la Guadeloupe, venant de sa mère, et d'autres à Saint-Domingue, héritage de son père.

Après la mort de son mari (1802), elle vécut à la Guadeloupe. En 1811, elle voulut revenir en France, et prit pour cela le chemin des Etats-Unis d'Amérique. Déjà malade à son départ, elle dut s'arrêter à Baltimore (Etat du Maryland) où elle mourut le 26 juillet 1811. Elle fut ensevelie dans le cimetière français de cette ville. Ses derniers moments furent adoucis par la présence d'anciens amis de la famille, les *Berquin-Duparc* et de son cousin-germain, *Durest-Blanchet*.

Elle avait pour oncles ou grands oncles-paternels.

Joseph-Barthélemy Martin, docteur en théologie, ancien curé de Royère, *Raymond Martin*, docteur en théologie, curé de Saint-Martin-le-Vieux, *Léonard Martin*, bourgeois.

Guillaume Lagrange, seigneur de Puymories, écuyer.

Oncles maternels :

François Jacquet, bourgeois, secrétaire de l'intendant de la généralité de Limoges ;

Messire Pierre Nicolas, Juge, écuyer, seigneur de Saint-Martin, conseiller du roi. (La famille *Juge de Saint-Martin* existe encore de nos jours).

Cousins germains :

Claude Martin, docteur en théologie, curé de Vicq ;

Pierre Martin, chanoine de Limoges, principal du grand collège.

Pierre-Jean-Grégoire Martin de Bonably, docteur en médecine à Limoges ;

Jean-Joseph Martin, chanoine ;

Messire Pierre Martin de Compreignac, chanoine de l'église collégiale de Limoges ;

Messire François Martin, *écuyer, seigneur de Fonjaudran*, convoqué en 1777 à l'assemblée de la noblesse du Limousin ;

Messire Joseph Martin, *écuyer, seigneur, baron de Compreignac*, *garde du corps du roi* en 1770, domicilié en son château de Compreignac (1), détruit pendant la Révolution.

Il était né à Limoges le 20 juillet 1752, épousa le 17 août 1784 Marguerite Noaillé des Bailles.

M. *Martin de Bellefond*, conseiller en la sénéchaussée des Cayes (Saint-Domingue), il épousa Marie-Anne du Courroy (*alias* du Caurroy).

M. Durest-Blanchet.

Nous venons de parler de MM. Durest de Blanchet (2).

C'est par eux que nous sommes parents avec Madame la vicomtesse de Bragelongne, l'un s'établit aux Etats-Unis d'Amérique, l'autre propriétaire du palus de Nauzégrand près Fronsac eut : 1. un fils Louis, marié à Louise-Cécile des Ifs de Vipart, d'où Paul Blanchet et Camille Madame de Bercegol du Moulin.

_____

(1) Plusieurs autres *de Martin* étaient ses cousins, et parmi eux, MM. *de Martin de la Basilde.*

(2) A cette famille, appartient M. Blanchet qui était en 1771, receveur général des domaines du roi, à Bordeaux.

Et 2. une fille Louise-Nicole-Françoise, mariée à Th. Delpech (1), née en 1804, décédée à Saint-Médard-d'Eyrans le 23 juillet 1886.
Laissant :

1. La comtesse Paul de la Chapelle, née Lisle Delpech, qui fut mère de Madame Marguerite Cazajeux et de Mademoiselle Antoinette de la Chapelle.

2. Madame Déodat d'Antin, née Céline Delpech, d'où : André d'Antin et Mesdemoiselles Marie-Anne et Fabienne d'Antin.
Cette famille est alliée aux de Blaignis.

Au contrat de mariage de Trigant de la Tour-Martin (2) on remarque les signatures suivantes :

Marie Trigant, sœur; — *Messire Henri de Galard, comte de Béarn*, cousin; — *Comtesse de Galard de Béarn, née Cortade*, cousine; — *de Trigant, née de Roberjot*, belle-mère; — *Cortade, née de Brossard*, cousine; — *de Sarrau, née Bardon* (3), cousine; — *Charlotte Peychiers*; — *Joseph-André Renard*, avocat; — *Jean-Baptiste Sermensan*, avocat; — *Trigant de Brau*, frère; — *Jean-François de Martin*.

Les Trigant de Latour sont encore alliés aux : *Dusumier*, — *de Salneuve*, — *de Laurière* (4), — etc.....

(1) A cette famille appartient Jean-Baptiste Delpech, secrétaire du roi en 1775, garde marteau des eaux et forêts de Guyenne (propriétaire du château possédé par ses descendants à St-Médard-d'Eyrans).

(2) Nous possédons cette pièce, c'est un parchemin de plusieurs feuillets. Les archives de Bordeaux conservent la minute.

(3) *Pélagie-Charlotte Bardon*, fille de *Guillaume Bardon*, fourrier des gendarmes ordinaires de la garde du roi et de *Marie-Victoire Bardon*, épousa à Bordeaux, église Puy-Paulin, le 28 février 1767, *Elie de Sarrau*.

(4) La maison de Laurière, porte : *d'azur au lion d'or, armé, lampassé et couronné d'or*.

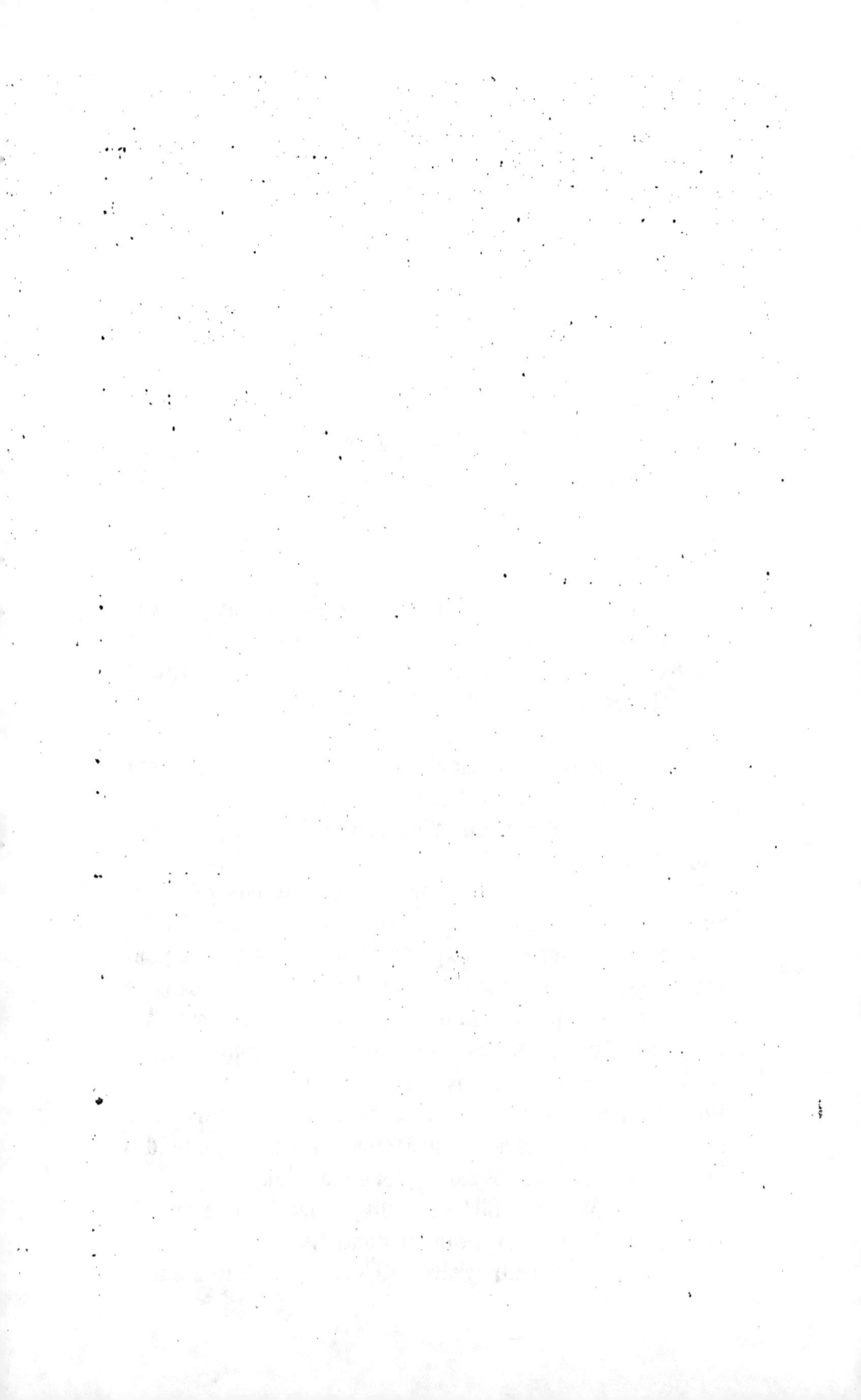

COPIES DE PIÈCES

PROROGATION DES FONCTIONS DE CONSEILLER DU ROI

ASSESSEUR AU CONSEIL SOUVERAIN DE SAINT-DOMINGUE

César Henri, comte de la Luzerne, lieutenant général des armées du roi, son gouverneur, lieutenant général des îles françaises de l'Amérique-sous-le-Vent, et inspecteur général des troupes, milices et fortifications des dites îles.

Et François Barbé de Marbois, conseiller du roi en ses conseils et en son parlement de Metz, intendant de justice, police, finances, de la guerre et de la marine des dites îles.

La commission de conseiller assesseur au conseil supérieur du Port-au-Prince qui avait été expédiée à M. Trigant de la Tour étant expirée. Nous, en vertu des pouvoirs à nous donnés et sur la connaissance que nous avons du zèle et de l'application avec lesquels il en a rempli les fonctions, l'avons de nouveau commis et le commettons à la place de conseiller assesseur audit conseil supérieur du Port-au-Prince, pour exercer et continuer à prendre rang et séance audit conseil en ladite qualité et jouir des honneurs, privilèges et exemptions y attribuées.

Prions MM. les officiers dudit conseil de recevoir M. Trigant de la Tour en ladite qualité.

Sera la présente enregistrée au greffe de l'Intendance.

6

Donné au Port-au-Prince sous le sceau de nos armes et le contre-seing de nos secrétaires.

Le 9 février 1787.

    LA LUZERNE.   DE MARBOIS.

Par M. le gouverneur général,   *par M. l'Intendant,*
    BONVALLET.   SIMON.

CERTIFICATS POUR M. TRIGANT DE LA TOUR

César Henri comte de la Luzerne, lieutenant général des armées du roi, etc.

Ayant été requis par M. de Trigant, conseiller assesseur au Port-au-Prince, ancien lieutenant de juge et procureur du roi dans la sénéchaussée dudit lieu, de lui donner attestation de bonne conduite, je certifie que ce magistrat jouit de l'estime publique et qu'elle est due à son intégrité, à ses lumières et à ses talents.

Fait au Port-au-Prince, le 20 juin 1786.

Signé : LA LUZERNE.

François Barbé de Marbois, seigneur de Buchy et autres lieux, conseiller au Parlement de Metz, etc.

Ayant été requis par M. de Trigant, conseiller assesseur du Port-au-Prince, ancien lieutenant de juge et procureur du roi dans la sénéchaussée dudit lieu, de lui donner attestation de bonne conduite. Je certifie que ce magistrat jouit de toute l'estime publique et qu'elle est due à son intégrité, à ses lumières et à ses talents.

Fait au Port-au-Prince, le 20 juin 1786.

Signé : DE MARBOIS.

BREVET DE PROCUREUR DU ROI
DE LA SÉNÉCHAUSSÉE DU PORT-AU-PRINCE ILE DE SAINT-DOMINGUE
POUR LE SIEUR TRIGANT DE LA TOUR

Aujourd'hui, 12 mai 1787, le Roi étant à Versailles, Sa
Majesté voulant pourvoir à l'office de procureur du roi de
la sénéchaussée du Port-au-Prince en l'île Saint-Domingue, vacant par la mort du sieur de Bercy, et étant
informé de la capacité, prud'hommie et expérience, au
fait de la judicature et affection à son service de la personne du sieur Elie-Joseph Trigant de la Tour, Sa Majesté
lui a donné et octroyé donne et octroye par le présent
brevet ledit office de procureur du roi en la sénéchaussée
du Port-au-Prince pour ledit office avoir et dorénavant
exercer par ledit sieur Trigant de la Tour, tant qu'il
plaira à Sa Majesté. Mande Sa Majesté aux officiers de
son conseil supérieur du Port-au-Prince en ladite île de
Saint-Domingue, qu'après leur être apparu de bonnes
vie, mœurs, âge compétent, religion catholique, apostolique et romaine dudit sieur Trigant de la Tour et de lui
pris et reçu le serment en tel cas requis et accoutumé, ils
le mettent et instituent de par Sa Majesté, en possession
dudit office ensemble des honneurs, autorités, prérogatives, exemptions, droits et émoluments audit office appartenant. L'on fasse souffre et laisse jouir et user pleinement et paisiblement, et le fassent obéir et entendre de
tous ceux et ainsi qu'il appartiendra, ès-choses concer-
nant ledit office. Et pour témoignage de sa volonté, Sa
Majesté m'a commandé d'expédier le présent brevet
qu'elle a voulu signer de sa main et être contresigné par
moi, son conseiller-secrétaire d'Etat et de ses commandements et finances.

Signé : LOUIS.

Le maréchal DE CASTRIES.

CHAPITRE XI

Ruine de la famille à Saint-Domingue. — Ministère Deca-zes. — Antoine de Trigant de la Tour créé baron par Louis XVIII. — Sa vie politique.

Louis-François de Trigant de Latour, fils cadet d'Elie-Joseph, naquit à Saint-Domingue en 1790.

Il fit ses études avec son frère aîné au collège Sainte-Marie de Baltimore (Etats-Unis d'Amérique), dirigé par un prêtre bordelais, l'abbé Dubourg.

Rentré en France en 1808 il devint en 1812 sous-chef dans les bureaux de l'armée française qui faisait alors campagne en Espagne ; puis il suivit son frère aîné à Paris au ministère des Droits réunis (actuellement les Finances), mais il quitta bientôt cette administration pour s'occuper de commerce, principalement avec la Guadeloupe où il se rendait souvent.

Il habita Libourne, et en 1814 y fut décoré du brassard. En 1819 et 1821 on le trouve à Paris où il était propriétaire.

Non marié, il voulut tenter une opération commerciale qui lui présentait de grands avantages. Il partit pour cela en Amérique, mais il mourut à peine arrivé à Omoa (Etat du Honduras-Américain), le 6 novembre 1821.

Brevet de la Décoration du Brassard
pour M. Louis-François Trigant de Latour.

(Copie de la lettre de son Altesse Royale Monseigneur le duc d'Angoulème, portant institution de la part de Sa Majesté, de la décoration du Brassard.

Monsieur le chevalier de Gombault, le roi m'a autorisé à vous informer qu'il vous accorde la décoration d'un brassard blanc au bras gauche, portant cette inscription : « Bordeaux, 12 mars 1814 ». L'in-

tention de sa majesté est de vous donner un témoignage authentique
de la satisfaction qu'il éprouve de votre dévouement à sa personne,
et à sa cause, ainsi que du courage et de la fermeté qui a signalé votre
conduite dans une circonstance qui honore les Bordelais et intéresse
la France entière. Cette grâce s'étend à tous ceux qui m'ont escorté
en armes à mon entrée à Bordeaux ledit jour ; ainsi elle est acquise à
ceux qui, à cette époque précise, étaient inscrits, avec un pareil
dévouement, sur les listes des braves et fidèles Volontaires Royaux.
Il m'est agréable, monsieur, d'avoir à vous charger de cette distribu-
tion envers ceux qui peuvent y avoir droit. Vous en dresserez
un état nominatif dont vous m'adresserez une expédition et vous en
déposerez un double aux archives de l'hôtel de ville.

Votre affectionné,

Signé LOUIS-ANTOINE.

Bordeaux, le 17 juillet 1814.

Monsieur Louis-François Trigant de Latour.

Je jouis de tout le plaisir de l'honorable commission qui m'est
donnée, en vous annonçant que vous êtes du nombre de ceux
qui sont désignés par son Altesse Royale et qu'en cette qualité
votre nom a été déposé aux archives de l'hôtel de ville.

J'ai l'honneur d'être avec la plus haute considération,

Monsieur,

Votre très humble serviteur,

Le commandant des volontaires royaux.

Signé : le chevalier F. DE GOMBAULT.

Bordeaux, le 20 juillet 1814.

VII. Antoine-Marie-François (dit Théodore), baron de
Trigant de Latour de Brau, fils aîné d'Elie-Joseph et de
Marguerite Martin de Compreignac, arrière grand-père
de l'auteur.

Créole de St-Domingue, où il naquit au Port-au-Prince
le 16 octobre 1787. Il fut baptisé en l'église Notre-Dame
de l'Assomption du Port-au-Prince le 24 janvier 1789.

Son parrain fut :

Antoine Martin de Bellefont, conseiller en la sénéchaussée des Cayes (St-Domingue), son cousin.

Il eut pour marraine :

Marie-Anne du Courroy, épouse de son parrain. (Cette dame vivait encore à Nantes en 1849.)

Extrait des Registres des Actes de Baptême de la paroisse de Notre-Dame de l'Assomption de Port-au-Prince, île et côte de Saint-Domingue.

L'an 1789, le 24 janvier, a été baptisé Antoine-Marie-François, né le 16 octobre 1787, fils légitime de messire Elie-Joseph Trigant de la Tour, conseiller du roi, son procureur en la sénéchaussée de cette ville, et de demoiselle Anne-Françoise-Marguerite de Martin son épouse. Le parrain a été messire Antoine Martin de Bellefont, conseiller en la sénéchaussée des Cayes. La marraine Marie-Anne du Courroy, épouse du parrain, représentée par Mlle Françoise-Dorothée Sartre en foi de quoi nous avons signé.

Signé au registre : Martin de Bellefon, Sartre, T. de la Tour née Martin, T. de Brau, Charlier, T. de Beaumont, de Brachet, oncles paternels. Marliani, Coresie, Dehers, chevalier d'Aubaignac, Charlier. Menetrier, 1er vicaire.

Délivré conforme à l'original. Port-au-Prince, le 10 avril 1797. — Signé, LECUN, curé.

Nous, Jean-Baptiste-Louis Mongin, conseiller du roi, sénéchal, juge civil criminel et de police de la sénéchaussée du Port-au-Prince, où le contrôle, petit scel et papier timbré n'ont pas lieu. Certifions à tous qu'il appartiendra que le révérend père G. Lecun qui a signé en l'autre part est curé de la paroisse Notre-Dame de l'Assomption de cette ville.

En foi de quoi nous avons délivré le présent après y avoir apposé le cachet de nos armes.

Donné en notre hôtel le 12 avril 1797.

Signé : L.-S. MONGIN.

Réfugié aux États-Unis d'Amérique avec ses parents à la suite de la révolte des noirs de St-Domingue, révolution dans laquelle fut engloutie l'immense fortune de sa famille (quinze millions), Antoine T. de Latour entra en

1801 avec son frère cadet au collège Ste-Marie de Baltimore (Etats-Unis d'Amérique). Là, il remporta à la fin de
ses études, du suffrage unanime de tous ses camarades et
professeurs, la médaille d'honneur et d'excellence de tout
le collège.

Comme son père, il parlait l'anglais aussi bien que le
français.

Le 30 septembre 1830 il est reçu avocat à la Cour
royale de Paris.

Revenu d'Amérique en 1808 à 21 ans, il suivit en Espagne, le général sénateur, comte de Valence, son ami,
qui le plaça auprès de l'ordonnateur en chef Mathieu
Favier. En 1809, les besoins de la guerre d'Allemagne
ayant fait rappeler en France beaucoup des employés
militaires d'Espagne, il profita de l'occasion pour se rendre à Paris, où il entra au ministère des Droits-réunis
comme vérificateur aux appointements de trois mille
francs.

En 1811, il est envoyé en Catalogne avec le titre de
contrôleur général extraordinaire des Droits-Réunis.

Il est, pendant dix-huit mois, receveur municipal à
Barcelone.

Rentré en France, il est nommé, en 1814, sous-chef de
la comptabilité de son ministère.

En 1815, il quitte cette administration pour s'attacher à
la fortune politique de son cousin-germain, l'illustre Élie
Decazes, qui allait être duc, premier ministre, pair et
grand référendaire de la Chambre des Pairs. Il fut son
chef de cabinet et secrétaire particulier, d'abord au
ministère de la police générale, ensuite à celui de
l'Intérieur, enfin à la Présidence du Conseil (1818).

Il reste avec M. le comte Siméon (ministre de l'Intérieur,
après la chute du ministère Decazes), comme chef de
cabinet puis chef de division du secrétariat général.

Chargé de deux missions secrètes de la plus haute importance, en Angleterre et Hollande. Il s'en acquitta à la satisfaction du roi ce qui lui valut le titre de baron, que Louis XVIII lui donna par ordonnance du 26 décembre 1818 et décret du 30 juillet 1819.

Copie de ce titre de Baron.

Louis par la Grâce de Dieu roi de France et de Navarre à tous présent et a venir salut :

Voulant donner une preuve de notre bienveillance à notre amé le sieur Antoine-Marie-François Trigant de Latour, secrétaire particulier de notre ministre, secrétaire d'État au département de l'Intérieur, lieutenant d'état-major dans la garde nationale parisienne, et récompenser son attachement à notre personne, nous l'avons, par notre ordonnance du 26 décembre 1818, décoré du titre de baron.

En conséquence, et en vertu de cette décision, le dit sieur Trigant de Latour, désirant profiter de la faveur que nous lui avons accordée, s'est retiré par devant notre garde des sceaux, ministre, secrétaire d'État au département de la justice, à l'effet d'obtenir nos lettres-patentes nécessaires pour jouir dudit titre de baron.

A ces causes, nous avons, de notre grâce spéciale, pleine puissance et volonté royale, conféré et, par ces présentes signées de notre main, nous conférons au dit sieur Antoine-Marie-François Trigant de Latour, né au Port-au-Prince, île de Saint-Domingue, le 16 octobre 1787, le titre de baron, lequel titre sera transmissible à sa descendance directe légitime de mâle en mâle et par ordre de primogéniture, voulons qu'il puisse porter en tous lieux le dit titre, le prendre en tous actes et contrats, tant en jugement que dehors et jouir des rang et honneurs qui y sont attachés.

Permettons au sieur Trigant de Latour, à ses enfants, postérité et descendants mâles, né ou à naître en ligne directe et en légitime mariage, de porter en tous lieux les armoiries timbrées telles qu'elles sont figurées et coloriées aux présentes et qui sont : *D'azur, à deux lions affrontés d'argent soutenus de sinople au chef d'argent chargé d'un croissant de gueules, l'écu timbré d'une couronne de baron.*

Mandons à nos amés et féaux conseillers en notre cour royale de Paris, dans le ressort de laquelle le dit sieur baron Trigant de Latour est domicilié, de publier et enregistrer les présentes, après avoir reçu.

de l'impétrant le serment de fidélité à notre personne et d'obéissance aux lois du royaume, lequel serment sera consigné à la suite de l'enregistrement des lettres-patentes et d'en envoyer copie à notre commissaire au sceau. Car tel est notre bon plaisir. Et afin que ce soit chose ferme et établie à toujours, notre garde des sceaux y a fait apposer, par nos ordres, notre grand sceau, en présence de notre commission des sceaux.

Donné, à notre palais de Saint-Cloud, le trentième jour de juillet de l'an de grâce mil huit cent dix-neuf, et de notre règne le vingt-cinquième.

Signé : Louis.

Vu au sceau,	Par le Roi,
Le garde des sceaux ·	Le garde des sceaux, ministre, secrétaire d'Etat au département de la justice :
H. DE SERRES.	*Signé :* H. DE SERRES.

En haut et à gauche du titre, sont figurées en couleurs les armes de la famille.

En 1821, à l'avènement du ministère du comte de Corbières de Peyronnet, le baron Antoine T. de Latour est remercié avec beaucoup d'égards, et *en conservant un traitement provisoire égal aux deux tiers du sien* qui était de douze mille francs.

Il resta éloigné des affaires jusqu'en 1826, mais il était toujours commissaire royal près la compagnie d'assurances *le Phénix français*, fonction qu'il remplissait depuis 1817.

En 1826, M. de Villèle étant ministre, il est nommé secrétaire de la commission de liquidation de l'indemnité de Saint-Domingue ; ce poste n'était pas rétribué.

Il suivit les travaux de la commission jusqu'à sa clôture 1830.

En 1832, il est nommé, par *M. le baron Humann*, conseiller référendaire à la Cour des Comptes.

Depuis 1813, il avait un service actif dans la garde nationale, pendant les temps difficiles des deux invasions, licencié comme capitaine d'état-major de la deuxième

légion : il avait été proposé plusieurs fois pour la Légion
d'honneur, notamment après l'attaque de Paris où il resta
sous les armes à la barrière de Clichy jusqu'à la suspen-
sion des hostilités.

Il était encore membre de la Société française de sta-
tistique universelle, marguillier à la Trinité de Paris,
associé de la Trappe, membre de la Société des orphelines de la Croix (1), de la Société des Amis des Arts de
Bordeaux, etc...

A SON EXCELLENCE LE COMTE DECAZES.

                                        Paris le 19 avril 1816.

Monsieur le Comte, — J'ai nommé, comme vous l'avez désiré,
M. Trigant de Latour lieutenant de l'Etat-major, j'ai l'honneur de
vous envoyer sa nomination.

Je suis charmé de vous donner cette faible marque du plaisir que
j'aurai toujours à faire ce qui peut vous être agréable.

Agréez, je vous prie, Monsieur le Comte, l'assurance de mon sin-
cère attachement.

                                        Votre ami,
                                 Signé : Maréchal Oudinot.

AU NOM DU ROI

Charles-Philippe de France, fils de France, Monsieur, Comte
d'Artois.

Colonel général des Gardes Nationales du Royaume.

Nous accordons par ces présentes à M. Trigant de Latour (Antoine-

----

(1) Les membres de cette société adoptaient une des orphelines
élevées dans les établissements de l'œuvre; il adopta la jeune Victoire
Lemonnier, alors âgée de douze ans.
Elle fut plus tard la sœur Marie de la Providence, supérieure du
couvent de son ordre à Marseille. En 1840, elle écrivit au baron T. de
Latour une lettre commençant ainsi :

                Marie que ta clémence
                Protège toujours
                L'ami de mon enfance
                Le baron de la Tour.

Marie-François), né au Port-au-Prince île de Saint-Domingue le
16 octobre 1787, secrétaire particulier de Son Excellence le ministre
de la police générale, lieutenant d'État-major dans la Garde nationale de Paris, l'autorisation de porter la décoration accordée à la
Garde nationale de Paris, par l'ordonnance du roi du 5 février 1816,
consistant en une étoile en argent, émaillée en blanc et bleu, portant
d'un côté l'effigie de Sa Majesté Louis XVIII, roi de France et de
Navarre, et pour exergue ces mots : Fidélité ; dévouement. De l'autre
côté la fleur de lys et pour exergue les dates 12 avril et 3 mai 1814,
19 mars et 8 juillet 1815. La dite décoration suspendue à un ruban
bleu et blanc dont chaque liseré bleu sera d'une largeur égale au
tiers de celle du ruban.

En foi de quoi nous avons fait apposer aux présentes le sceau de la
Garde nationale de Paris.

Donné à Paris le 17 juillet 1816.

Signé : Charles Philippe

par son A. R. le Prince, colonel général.

Le ministre, pair de France, commandant en chef
de la Garde Nationale de Paris,

Signé : Maréchal Oudinot.

Vu et vérifié, scellé et enregistré au Conseil général
des brevets et récompenses, registre A, folio 4, n° 111.

L'aide major général, pair de France, Président,

Signé : Duc de Clermont-Tonnerre.

Le 16 juin 1819, Antoine baron Trigant de Latour
épousa Charlotte-Céline-Marguerite Liot.

De ce mariage naquit un fils unique :

Louis-Marie-François-Théodore.

Extraits du Registre des Mariages du X* arrondissement de Paris.

Le 16 juin 1819, à dix heures du soir, a été prononcé le mariage
de M. le baron Antoine-Marie-François Trigant de Latour, secrétaire particulier de Son Excellence, le ministre de l'Intérieur, officier
d'État-major de la Garde nationale de Paris, âgé de trente-un ans,
né au Port-au-Prince, île et côte de St-Domingue, le 16 octobre
1787, demeurant à Paris, quai Malaquais, hôtel du ministère de

l'Intérieur, fils majeur de M. Elie-Joseph Trigant de la Tour en son vivant conseiller du roi, son procureur en la sénéchaussée du Port-au-Prince, et de dame Françoise-Marguerite de Martin, son épouse, tous deux décédés.

Et de Mademoiselle Charlotte Liot, âgée de dix-huit ans, née à Baltimore, dans les Etats-Unis de l'Amérique le 25 vendémiaire an IX (dix-sept octobre 1800) demeurant à Paris chez son père et sa mère, place St-Sulpice, numéro 6, fille mineure de M. Charles-François Liot, ex sous-Inspecteur de marine, étant à présent dans les Antilles et de dame Françoise-Charlotte Méhul, son épouse, présente et consentant au mariage de sa fille.

Après publications faites en cette mairie et en celle du XIe arrondissement de Paris les dimanches six et treize juin, aux termes de la loi, aucune opposition n'ayant été formée à la célébration.

Les actes de naissance des époux et un acte passé devant Me Lefèvre, notaire à Paris aujourd'hui, et enregistré constatant l'impossibilité où se trouve le père de l'épouse d'envoyer de suite son consentement au présent mariage de sa fille ont été déposés et paraphés. Lecture en a été faite.

Le contractant a déclaré avec serment que ses ascendants paternels et maternels sont décédés et qu'il n'a pu se procurer les actes de leur décès et sa déclaration a été certifiée par les quatre témoins ci-après dénommés.

Les deux contractants présents ont déclaré prendre en mariage l'un Mlle Charlotte Liot, l'autre, Monsieur le baron Antoine-Marie-François Trigant de Latour, en présence de M. Louis-François Trigant de Latour, propriétaire, demeurant à Paris, quai Malaquais, 5, âgé de 29 ans, frère de l'époux ; de M. Jean Jay de Laussac, chevalier de la Légion d'honneur, directeur des contributions indirectes, demeurant à Paris, quai Malaquais, hôtel du ministère de l'Intérieur, âgé de 45 ans, ami de l'époux ; de M. Jean-Marie-Sébastien Jorna de la Calle, conseiller au conseil supérieur de la Martinique, demeurant à Paris, rue St-Honoré, 5, âgé de 52 ans ; de M. Charles-Etienne Wante, directeur des pensions au Trésor royal, chevalier de la Légion d'honneur, âgé de 62 ans, demeurant à Paris, rue Sainte-Anne, 18, ces deux-ci amis de l'épouse.

Nota. — D'un 1er mariage avec Mlle Fretel il avait eu une fille Francoise-Zélia-Nanine Trigant de Latour, née en 1812, décédée le 8 octobre 1821. — Décès déclaré par Louis-François T. de Latour, oncle, propriétaire à Paris, 28, rue de Verneuil, et Pierre de St-Hubert, âgé de 39 ans, ami.

Après quoi, nous, Urbain-Firmin Piault, maire du X⁰ arrondissement, chevalier de l'ordre royal et militaire de St-Louis, officier
de la Légion d'honneur, avons déclaré au nom de la loi que les
contractants sont unis en mariage, nous avons rédigé les présentes
pour le constater, et en avons fait lecture aux parties.

Les deux époux, la mère de l'épouse et les témoins ont signé avec
nous ; ainsi signé : Liot, née Méhul, M. E. Liot, le baron Trigant de
Latour, T. de Latour, Ch⁰⁰ Jay-Laussac, Jorna de la Calle, Wante,
Auguste de Kirwan, Alezay, Tillon, Dumanet, Liot, Malepeyre,
Jaladon, le baron Decazes et Piault.

Le baron Antoine Trigant de Latour demanda sa
retraite à la Cour des Comptes en 1856. Il l'obtint
le 28 mars 1857.

Il mourut à Paris le 19 avril 1858 et fut inhumé au premier caveau de famille du cimetière Montmartre à Paris
(concession n° 477). (Sa mort est notée dans les journaux
du 21 avril 1858).

Dans ce caveau reposent avec lui :

1° Françoise Zélia-Nanine T. de Latour, sa fille.

2° Louis-Marie-François-Théodore, b⁰ⁿ T. de Latour, son
fils.

3° Maximilien-Louis Godefroy, comte de Saint-Mars,
sculpteur éminent, officier, créole de Saint-Domingue.

A SON EXCELLENCE LE MINISTRE DES FINANCES

Paris, le 10 novembre 1856.

Monsieur le Ministre,

Après quarante années consacrées au service de l'Etat dont vingt-
quatre à la Cour des Comptes en qualité de conseiller référendaire
depuis 1832, et les précédentes dans les ministères des Finances ou
de l'Intérieur, où j'ai passé par tous les grades de la hiérarchie
administrative depuis le surnumérariat jusqu'à celui de chef de divi-

sion et de chef de cabinet de deux ministres après avoir fait deux campagnes en Espagne en 1808 et 1812 avoir servi dans la Garde Nationale de Paris depuis 1813 pendant les deux invasions des armées étrangères jusqu'au licenciement de cette garde où j'étais capitaine d'état-major.

Ma santé et ma vue fatiguées par de longs travaux de cabinet me font craindre que mes forces à 69 ans ne me permettent pas d'attendre la limite d'âge fixée pour la mise à la retraite des magistrats de mon ordre.

Je prie en conséquence son Excellence de vouloir bien faire agréer par sa Majesté mon admission à faire valoir mes droits à la retraite en qualité de conseiller référendaire à la Cour des Comptes.

Qu'il me soit permis d'ajouter, Monsieur le ministre, que la modeste pension que j'attends me restera pour toute fortune et que je me retire sans le signe de l'honneur auquel j'ai toujours été fidèle, n'emportant dans ma retraite que ma médaille de prix d'honneur et d'excellence obtenue, il y a cinquante ans, du libre suffrage de mes condisciples et professeurs du collège de Sainte-Marie de Baltimore (Etats-Unis d'Amérique).

Je suis avec respect de votre excellence le très humble serviteur.

Baron TRIGANT DE LATOUR.

Extrait des Registres des Actes de Décès de la ville de Paris.

Du 20 avril 1858, à trois heures et quart du soir, acte de décès de Antoine-Marie-François, baron Trigant de Latour, conseiller référendaire à la Cour des Comptes en retraite, âgé de soixante-dix ans, veuf de Charlotte Françoise (sic) Marguerite Liot, fils de père et de mère ignorés des déclarants, le dit défunt, né à Port-au-Prince, ile de Saint-Domingue, et décédé à Paris, rue des Mathurins, hier à cinq heures du soir.

Constaté par nous, maire, officier de l'état-civil du 1er arrondissement de Paris sur la déclaration de Jules-Joseph Grémion, avocat âgé de soixante ans et de François Guilbert, âgé de trente ans, lesquels ont signé avec nous, signé : Grémion, Guilbert, Frottin.

A M. LE BARON TRIGANT DE LATOUR

Paris, 6 septembre 1816.

Monsieur, vous avez prié le ministre secrétaire d'Etat de la marine de vous faire délivrer un certificat constatant que vous êtes propriétaire à Saint-Domingue.

J'ai l'honneur de vous adresser cette pièce au nom de son Excellence.

Recevez, Monsieur, l'assurance de ma parfaite considération.

Le conseiller d'Etat chargé de la direction supérieure des colonies,

Signé : PORTAL.

Nous soussignés membres du comité des colons, notables propriétaires à Saint-Domingue, près son Excellence le ministre secrétaire d'Etat au département de la marine, certifions qu'il est à notre connaissance que M. Trigant de Latour (Antoine-Marie-François), actuellement à Paris, secrétaire particulier de son Excellence le ministre secrétaire d'Etat au département de la police générale, est fils de M. Trigant de la Tour ancien procureur du roi et propriétaire à Saint-Domingue, et qu'à ce titre il est lui-même aujourd'hui l'un des propriétaires de cette colonie.

En foi de quoi nous avons délivré le présent certificat, en séance, au ministère de la marine, le 20 août 1816.

Signé : FLANET, DROUET, BRULLAY, PHILIPPE DE LA MARNIÈRE, BUSSON, DELMAS.

Vu pour la légalisation des signatures de MM. Brullay, Drouet, Flanet, Philippe de la Marnière, Busson, Delmas, apposés ci-dessus.

Paris, le 26 août 1816.

Le ministre secrétaire d'Etat de la marine et des colonies,

Signé : le vicomte DU BOUCHAGE.

CHAPITRE XII

Vie de Madame la baronne Trigant de Latour, née Liot. Les d'Orléans. — Poésies.

Charlotte-Céline-Marguerite Liot, naquit à Baltimore, États-Unis d'Amérique, le 17 octobre 1800.

Parfaitement belle, gracieuse, modeste et distinguée, elle épousa, le 16 juin 1819, Antoine Marie François, baron Trigant de Latour de Brau.

Extrait du Contrat de Mariage.

Par devant maître Ferdinand Domain Lefèvre et son collègue, notaires royaux à Paris, soussignés.

Furent présents :

M. Antoine-Marie-François, baron Trigant de la Tour, secrétaire particulier de son excellence le ministre secrétaire d'État au département de l'Intérieur, officier d'état-major de la Garde nationale, demeurant à Paris, quai Malaquais, hôtel du ministère de l'Intérieur, fils majeur de feu Élie-Joseph Trigant de la Tour, conseiller du roi, son procureur en la sénéchaussée de Port-au-Prince, île et côte de Saint-Domingue, et de feu dame Anne-Françoise-Marguerite Martin, son épouse. Stipulant en son nom personnel et de l'agrément de Son Excellence Monseigneur le comte Élie Decazes, son cousin germain, pair de France, ministre de l'Intérieur, d'une part ;

Et Mlle Charlotte Liot, fille mineure de M. Charles-François Liot, ex-sous-inspecteur de marine, et de Mme Françoise-Charlotte Méhul, son épouse, avant veuve en premières noces de M. Antoine-Joseph Lorquet, administrateur général des Postes de la colonie de Saint-Domingue, demeurant Mlle Liot avec ses père et mère à Paris, place Saint-Sulpice, 6, et procédant sous l'autorité de Madame sa mère, à

cause de l'absence momentanée de Monsieur son père, actuellement à Cuba, dans les Antilles. . . . .
. . . . *et plus loin*

La dite dame Liot, assistée de M. François-Joseph Malepeyre, oncle de la future, de M. Jaladon, avocat et avoué à la Cour royale de Paris, chevalier de la légion d'honneur, leurs parents et amis ci-après nommés, savoir :

Côté du futur :

Madame la comtesse Decazes, cousine-germaine ;
Madame Séjourné, veuve de M. de Sauvage, née Trigant, tante ;
Madame D'Welles, née Trigant de Beaumont, cousine-germaine ;
M. et Madame de Sauvage, cousin et cousine ;
Le baron Berthomieu de Mauvesin, et la baronne née Lacaze (1) cousin et cousine ;
M. Jay de Laussac, ami ;
M. Alezais, ami ;
M. Auguste de Kirwan, ami ;
M. Falcier, ami ;
M. Auguste Decazes, cousin ;

Pour la future :

Mlle Marie-Elisabeth Liot, sœur ;
M. Wantes, chevalier de la légion d'honneur, directeur des pensions au ministère des Finances, ami ;
M. Jorna de la Calle, conseiller au conseil supérieur de la Martinique, ami ;
Madame Berquin Duparc, amie ;
Madame Peyrac de Gonvelle, amie ;
Madame Saulnier d'Auchald, amie.

Mme T. de Latour, née Liot, était peintre, poète, musicienne, prosatrice, elle avait toutes les qualités, aimée, admirée partout où elle passait, elle semblait apporter

---

(1) Elle était fille de Madame *Lacaze*, née *Marie-Catherine Decazes*, sœur du premier ministre de Louis XVIII, c'est-à-dire fille du chevalier Michel Decazes et de sa femme née de Trigant.

avec elle la joie et le bonheur. C'était une trop charmante perfection pour cette terre, elle mourut à 48 ans, le 21 mai 1849.

Elle repose à Paris, au cimetière Montmartre (deuxième caveau de famille), avec elle sont inhumés sa mère, son père et Hortense-Louise Baudin, créole de Saint-Domingue, amie de la famille.

De son mariage avec le baron Antoine T. de Latour, elle eut un fils unique, Louis-Marie-François-Théodore.

MADAME LA BARONNE TRIGANT DE LATOUR

A S. A. R. MADAME LA DUCHESSE D'ORLÉANS

Anniversaire de la mort du duc d'Orléans

13 Juillet 1842.

Paris épouvanté ne peut le croire encore...
Quoi ? le prince est mourant ! quoi, celui qu'on adore
Ce matin, plein de vie, et ce soir ?... d'Orléans !
Se peut-il ? Toi, mourir à la fleur de tes ans !
Mourir, quand des héros tu suivais la carrière,
Embrasant nos soldats de ton ardeur guerrière,
A l'armée, au sénat, tes discours sont des lois ;
Peuple, artistes, savants, tous chérissent ta voix.
Que la faux de la mort, épargnant tant de gloire
Te laisse nous conduire encor à la victoire !
Vaine prière, hélas ! notre cri de douleur
Ne désarmera pas le bras d'un dieu vengeur.
Nos coupables excès allument sa colère,
Pour nous punir, il frappe une tête si chère.
Nous étions fiers du Prince, objet de notre amour,
Le Tout-Puissant abat notre orgueil en ce jour,
Notre voix suppliante et notre plainte amère,
L'amour de ses parents, les larmes de sa mère,
Rien n'a donc pu fléchir un Dieu trop irrité,
Tu meurs, laissant ton nom à la postérité !

Que faisais-tu, Princesse, épouse infortunée
A des pleurs éternels, amante condamnée,
Dans ce jour de malheur, Dieu t'éloigne de nous
De peur que ta prière éteigne son courroux.
Tu crois que d'Orléans va te rejoindre encore,
Tu l'attends au retour de la prochaine aurore,
Tu réserves pour lui ton souris le plus doux
Et déjà tu le vois, cet adorable époux,
Paré de sa beauté, de sa grâce enivrante,
Te prodiguer les noms et d'épouse et d'amante.
Ta main tresse gaîment des couronnes de fleurs
Et tu te ris de ceux qui songent aux malheurs.
Prépare ta constance à d'horribles épreuves,
Prends les sombres couleurs et les crêpes des veuves,
Le Seigneur a frappé l'époux que tu chéris.
Hélène, c'en est fait, tes beaux jours sont finis,
Las ! pour toi plus d'amour, plus de caresses tendres;
D'un mari adoré tu n'as plus que les cendres !

Hâte-toi, viens ici, prier sur le cercueil
Qui renferme l'objet de notre commun deuil,
Tu verras sur tes pas, Princesse révérée,
Marcher en gémissant la province éplorée ;
Paris en pleurs t'attend, viens au milieu de nous
Couvrir de tes baisers le corps de ton époux.
Le jour où sonnera le glas des funérailles
Et que ce corps chéri quittera nos murailles
Nous suivrons à pas lents le lugubre convoi ;
Jusqu'au palais de Dreux nous irons avec toi :
Quand du caveau funèbre on ouvrira la porte
Nos longs gémissements suivront la triste escorte
Qui viendra déposer auprès de ses aïeux
D'Orléans, notre espoir, l'ami des malheureux.
Nos regards désolés te diront notre peine,
A toi que nous devions appeler notre Reine,
Ton front noble était fait pour le royal bandeau,
D'une immense douleur, il porte le fardeau.
Mais tu résisteras à ce coup si funeste,
Hélène, et dans ton cœur le feu divin qui reste
Va s'ajouter encor à l'amour maternel.
Veille sur tes enfants, demande à l'Eternel
La force de survivre à l'époux que tu pleures ;
Tes fils, de ton veuvage, embelliront les heures
En peignant à tes yeux leur père qui n'est plus ;
Tu leur raconteras ses brillantes vertus,
Rendus dignes par toi de l'amour de la France
Ils réaliseront sa plus douce espérance.

MADAME LA BARONNE TRIGANT DE LATOUR

A S. M. LA REINE

13 juillet 1842.

Ah ! d'Orléans se meurt ! Venez, accourez tous...
Sa famille, son peuple, et vous, vaillante armée ;
Accourez contempler son regard fin et doux.
Oui, sa paupière, hélas ! bientôt sera fermée,
Vous ne le verrez plus, votre Prince Royal,
Au milieu des combats, le cœur ferme et loyal.
Vous ne le verrez plus, sur la terre étrangère
Arborer son drapeau, y planter sa bannière.
Vous ne l'entendrez plus par de sages discours
Rallier à son parti, les ennemis des cours
Dompter la révolte, repousser l'anarchie,
Rassurer, affermir la nouvelle monarchie.

Quand des feux de la guerre et du fer assassin
Une égide divine a préservé son sein.
Fallait-il donc, hélas ! que l'égide divine
Se lassât tout à coup et permit sa ruine.
Tes coursiers, de leur guide, ont méconnu la voix :
Ils ont marqué ton heure, ô Prince, fils des Rois.
Ils traînent, indomptés, ta fragile voiture,
Te laissant sur le sol ; d'une large blessure
Ton sang coule à grands flots, inonde le chemin,
Les ronces, les buissons, et jusqu'aux lieux voisins.
Toi, royal habitant du beau palais du Louvre,
A ton dernier moment le chaume te recouvre.
Une pauvre masure a vu fermer tes yeux
Et ta famille en pleurs te dire ses adieux.
Oh ! qui peindra jamais cette heure lamentable,
Cette heure d'épouvante et d'horreur effroyable
Où sanglant, déchiré, ton cœur ne battit plus
Et laissa ton cadavre à des cœurs éperdus.
Le peuple, tu l'aimais, tu lui étais propice,
Le peuple se fiait à ta sainte justice.
C'est au milieu de lui que baigné de ses pleurs,
Tu es venu mourir, te vouer aux douleurs.
De la France entière, oui, tu rêvais la gloire,
Ah ! la France toujours bénira ta mémoire !
Oh, mort, cruelle mort ! tu nous prends notre appui.
Pourrons-nous vaincre, hélas, et triompher sans lui ?
Nemours et Montpensier et Joinville et d'Aumale,
Pleureront à jamais la journée fatale ;
Braves comme Orléans, comme lui vrais Français,
Sa mort devient pour eux source d'amers regrets.
Quand ils appelleront l'ami de leur enfance
Le glas répondra seul à leur cri d'espérance.
Ils aimaient du héros, la bonté, la valeur,
Le surnommant entre eux sans reproche et sans peur.
En perdant Orléans le deuil est sur la France ;
Ce deuil peint notre amour, il peint notre souffrance.
Sur nos destins, hélas ! il nous faut tressaillir...
Hélas ! chaque Français tremble pour l'avenir...
Prince, Dieu qui lisait dans le fond de ton âme
L'amour du citoyen écrit en traits de flamme,
A-t-il donc voulu te rappeler à lui
Pour t'épargner les maux planant sur ton pays !
Qui te protègera contre mainte cabale,
Contre la trahison, l'ambition fatale ?
La mort peut enlever l'aïeul aux cheveux blancs
Avant que l'héritier ait accompli vingt ans.
Durant ce long espace et de mois et d'années
Combien pourrons-nous voir de sinistres journées ?
Ton fils, ô d'Orléans, aurait appris de toi
L'art si difficile de régner en grand roi,
Et tes sages leçons, en formant son jeune âge,
Préparaient à nos fils un règne sans orages.

Le respect à son père, il l'eût appris de toi,
Il eut appris aussi le respect à la loi.
Sans doute il eut aimé la patrie et sa mère
Et d'être né français, son âme eut été fière.
Protège-le, grand Dieu, prends soin de son berceau,
Adopte cet enfant, qu'il devienne un héros !
Tu l'as privé d'un père ; auprès de cette tombe
Oh ! garde le vieillard, empêchant qu'il n'y tombe,
Hélène, à Plombière, attend son noble époux,
Va, messager de deuil, ramène-la vers nous.
Les larmes de la veuve, il les faut à ta cendre,
Orléans, ô mon Prince, avant de la descendre
Dans le sombre caveau de la ville de Dreux
Où souvent tes bienfaits cherchaient les malheureux.
Avec Hélène, en pleurs, nous suivrons le cortège,
Tous inclinés, baisant le drap qui te protège.
La tombe a recueilli l'objet de son amour,
Toi, l'espoir du pays, l'idole de la cour.
Nos larmes s'uniront à la plainte éternelle,
Aux sanglots déchirants de l'épouse fidèle,
Frémissant que la tombe, insensible à nos voix,
Garde sous ton linceul le sceptre de nos rois.

DE LA MÊME A LA MÊME

3 août 1842.

Dans le temple, à genoux, la foule recueillie
Priait pour la dépouille apportée au saint lieu.
La prière de tous, par le clergé bénie,
Comme un triste concert, au ciel monte vers Dieu ;
Les drapeaux étrangers, la française oriflamme
De Notre-Dame en deuil couvraient les sombres murs ;
Et les linges des morts, à la tremblante flamme,
Epandaient leurs reflets sur les crêpes obscurs.
La lampe aux flancs d'argent et les mille bougies,
De leurs pâles lueurs éclairaient le cercueil,
Du fond se détachaient les riches broderies ;
Des maréchaux en pleurs conviés à ce deuil,
Savants, pairs, députés, magistrats du royaume,
Princes du saint Empire, augustes cardinaux,
Enfants à blancs surplis, soldats portant le heaume,
Pauvres en habits noirs, couverts de longs manteaux,
Se pressaient en silence autour du saint Chapitre ;
Leur front triste et baissé s'inclinait vers l'autel ;
Au milieu d'eux brillaient et la crosse et les mitres,
La pourpre épiscopale et le riche missel,

Les tentures d'argent, la croix resplendissante,
L'hermine, le velours, les armes en faisceau,
Tout venait concourir à la pompe éclatante
Qui déployait son deuil sur l'illustre tombeau.
Cette solennité lugubre et magnifique,
D'une maison royale, annonçait le malheur.
On eut dit que le roi perdait son fils unique
Et qu'il avait réglé le deuil sur sa douleur.
Au pied du catafalque on voyait l'urne sainte
Où reposait le cœur, objet de nos regrets ;
Ce cœur toujours propice au malheur, à la plainte,
Ce cœur qui palpitait d'amour pour le Français,
Immobile et glacé, sourd à nos voix plaintives,
Sans un seul mot d'adieu nous abandonne aux pleurs.
Il n'est plus ce héros, il vogue aux sombres rives,
Nous laissant pressentir le plus affreux malheur.
Sur son parvis sacré jamais la basilique
Ne reçut le cercueil de plus vaillant guerrier ;
Ni roi, ni conquérant, ni chef de république,
Ne moissonna si tôt de plus brillants lauriers,
Jamais plus noble main ne brandira l'épée.
Prévoyant Fabius, inflexible Caton,
Aristide le Juste et toi fameux Pompée,
Il eut fait oublier votre antique renom.
L'encens répand ses flots et monte vers la voûte,
Du plain-chant solennel, les sépulcrales voix
S'élèvent pour prier le Dieu qui les écoute,
D'admettre dans son sein le fils aîné des rois.
Au dedans, au dehors de cette vaste enceinte,
Retentit la douleur des citoyens français,
Leurs longs gémissements ébranlent l'arche sainte,
L'écho répète au loin le cri de leurs regrets,
Il le porte à sa mère, à son épouse veuve,
A ses jeunes enfants, que Dieu prive de lui,
Bien faibles pour subir une si rude épreuve,
Enfants heureux hier, orphelins aujourd'hui.
Tes frères dont le deuil a redoublé nos larmes
S'avancent à pas lents pour toucher ton cercueil ;
Ils te disent adieu, s'inclinant sur tes armes,
Tes armes dont la gloire était tout leur orgueil.
On entend leurs sanglots mêlés à leurs prières,
Mais sous la main de Dieu leur cœur devient plus fort,
Les larmes de leurs yeux vont couler moins amères,
Instruits par un tel maître, ils comprennent la mort ;
Leur âme se nourrit de ses saintes croyances,
Elle ne gémit plus, rien n'ébranle sa foi.
C'est la voix du Seigneur qui calme les souffrances,
Qui repousse loin d'eux et le doute et l'effroi.
Ils tremblaient de te perdre, ils n'ont plus cette crainte,
Ils descendent, soumis, les funestes degrés ;
Leur lèvre a proféré des prières sans plainte,
Ils lèvent vers le ciel des regards assurés,

En louant le Seigneur ils sortent du saint Temple;
Ils ont fait le serment de chérir leurs neveux;
Déjà de tous côtés la France les contemple
Et de son avenir se repose sur eux.
A ces Princes, Seigneur, reste toujours propice;
Guide partout leurs pas, sois leur ferme soutien;
Qu'ils aiment de tes lois l'éternelle justice;
Qu'ils sachent mériter l'amour du citoyen.
Un jour, si l'étranger profanant la frontière,
De nos belles cités voulait franchir le seuil,
Ces frères généreux seront une barrière
Où viendra se briser un téméraire orgueil.
A l'envi, tous les quatre affrontant la bataille,
De leur royal neveu vaincront les ennemis;
Et pour prix de leur sang versé dans nos murailles,
A leurs vaillants efforts le triomphe est promis.
Nemours et Montpensier et d'Aumale et Joinville,
Entourant de leurs soins le Comte de Paris,
Rendront à cet enfant la royauté facile.
Comme ils aimaient le père, ils aimeront le fils:
Le jour où sur son front brillera la couronne,
D'Orléans, les Français s'uniront sous sa loi,
Jusqu'au divin séjour où ta gloire rayonne
Ira ce cri d'amour, ce cri: « Vive le roi! »
En ce jour solennel, héroïque victime,
Une ineffable joie inondera ton cœur;
Voyant ton fils assis au trône légitime,
Tu dormiras en paix sous l'aile du Seigneur.

A S. M. LA REINE

13 juillet 1843.

Quand juillet, au retour de sa treizième aurore,
D'un affreux souvenir vient nous frapper encore,
Le Français consterné, fidèle à sa douleur,
Sent un frisson de mort qui pèse sur son cœur.
O sombre anniversaire! O néfaste journée!
Mois sanglant et funeste! Epoque infortunée!
D'Orléans, tes vertus dignes d'une autre fin
N'ont donc pu détourner les arrêts du destin!
Ta grâce, ta douceur, ton esprit, ta vaillance,
Ta prudente équité, ta noble bienfaisance,
Ton amour fraternel pour chacun des Français,
De ton jeune étendard les éclatants succès,
Tout redouble nos pleurs, o Prince magnanime;
Dans son deuil éternel, la France est unanime.
Tes modestes vertus et tes desseins hardis
Nous cachaient le héros sous les traits du bon fils;

D'une commune voix nous vantions ta justice,
Ton amour pour le vrai, ton horreur pour le vice ;
Tes fils, de tes vertus, hériteront un jour.
Puissions-nous, autour d'eux veillant avec amour,
Par nos pieux efforts écarter de leurs têtes,
Des noires factions, les sinistres tempêtes,

APRÈS LA LECTURE DE JOCELYN

O toi qui de mon cœur m'expliques le mystère,
Toi qui fais ruisseler les larmes de mes yeux
Et révèles à tous que l'amour sur la terre
     N'est qu'un reflet des cieux !

Dans l'extase où mon âme en t'écoutant se noie
Barde aux saintes amours ! pour toi je chante encor;
Accueille mes accents, c'est le son que renvoie
     Le vase où tombe l'or.

C'est la vibration dans l'église gothique
Des milles voix de l'orgue aux célestes concerts.
C'est un timide écho que ta lyre magique
     Éveille dans les airs.

Ton beau livre est pour nous une douce rosée
Qui de nos jours flétris ranime la langueur ;
Malheur à qui ne peut retrouver ta pensée
     Écrite dans son cœur !

Prophète de la foi tu donnes l'espérance,
L'espérance qui luit comme un rayon de feu
Qui de l'obscurité soudain brille, s'élance
     Et va montant vers Dieu.

Tu sais nous consoler des peines de la terre,
Nous montrer qu'en la vie il est plus d'un beau jour
Quand on veut s'approcher de Dieu par la prière,
     Des humains par l'amour.

Notre foi, dans la nuit, se produit incertaine
Et tu nous as rendu les tables de la loi
Aux seuls bords du salut la voile qui nous mène.
     Lamartine c'est toi !

Ainsi que le pilote aux voyageurs dit : terre !
Terre !... consolez-vous ! toi, nouveau Daniel,
A celui qui gémit, doute et se désespère
     Tu dis : « le ciel... le ciel... »

           Baronne TRIGANT DE LATOUR.

CHAPITRE XIII

La famille Liot et ses alliances. — Saint-Domingue. — Révolte des noirs. — Les anciens propriétaires. — Le rôle des Anglais. — Le général Ferrand, sa vie, sa mort. — L'indépendance.

Louis Liot, grand-père de Madame T. de Latour, faisait le commerce en gros des denrées coloniales, il avait une maison de commission rue de Sèvres à Paris. Sa sœur était mariée à M. Daumann dont le fils fut architecte.

Louis Liot, bourgeois de Paris, épousa *Catherine-Françoise Comperot* (1) laquelle mourut en 1783 ; lui-même avait quitté les affaires en 1784, il mourut avant 1800.

De leur mariage étaient nés deux fils et une fille, savoir :

1. *Madame François-Joseph Malepeyre, née Marie-Marguerite Liot.*

2. Charles-François.

3. Louis-François-Michel.

---

(1) Elle était fille de *Henri Comperot* et de *Françoise Renal*, son épouse ; ces derniers de leur mariage eurent deux fils et deux filles : 1. Henri, mort à Strasbourg avant 1800, il eut une fille unique, Henriette Catherine, mariée à *Charles-Anne Lecouturier de la Motte*, cornette de hussards, premier adjudant de place à Cambrai, mort avant 1800 (sa femme lui survécut).

2. *Pierre Comperot*, négociant.

3. Mme Louis Liot.

4. Françoise, non mariée.

Les *Le Couturier de la Motte* furent anoblis en 1577. Cette maison, originaire de Pont-Audemer, porte : *d'azur à trois croissants d'argent.*

Le premier, *Charles-François Liot*, naquit à Paris le 5 septembre 1768 ; baptisé le lendemain, il eut pour parrain :

Messire Charles-Thomas Mauroy, prêtre, chapelain de feu la reine, chanoine de Péronne.

Sa marraine fut : *Françoise Comperot*, sa tante.

Son jeune frère, *Louis-François-Michel Liot*, fut reçu avocat au Parlement de Paris, mais l'inconstance de son caractère le porta à entrer dans les ordres ecclésiastiques; au moment d'être nommé sous-diacre, il quitta cette carrière, puis reprit en 1785 l'étude des lois. Appelé au régiment peu de temps après, il fut envoyé à Saint-Domingue où il retrouva son frère aîné, Charles-François, alors chargé des approvisionnements de la colonie. La position de ce dernier le lui permettant, il acheta 2250 livres le congé de son jeune frère et le fit nommer secrétaire du commandant de la province de l'ouest de Saint-Domingue, mais il quitta cet emploi pour être officier de gendarmerie. Les troubles de la colonie le forcèrent à donner sa démission, il entra alors dans les bureaux dont son frère aîné était le chef et y devint premier commis. La prise de l'île par les Anglais ayant détruit l'administration française à Saint-Domingue, il ne voulut pas suivre son frère aîné qui se réfugiait aux Etats-Unis d'Amérique de peur de se trouver à sa charge. Il resta à Saint-Domingue et s'y occupa de quelques affaires pour son frère ou ses amis, puis il prit du service dans les milices royales.

La domination anglaise était devenue insupportable à Saint-Domingue, Michel Liot eut une querelle avec un officier supérieur émigré français au service des Anglais ; Michel Liot lui proposa de se battre, l'autre refusa en prétextant la différence des grades. Puis ce lâche français qui ne craignait pas de servir contre sa patrie parvint à envelopper l'infortuné Michel dans un prétendu complot dont le but était de remettre Saint-Domingue aux mains de la France. Bientôt même il le fit passer pour le chef de cette conspiration et obtint sa condamnation à mort.

L'infortuné Michel Liot fut fusillé : innocente victime immolée à la politique des anglais. L'exécution eut lieu au Port-au-Prince le 18 février 1795.

Sa sœur, Marie-Marguerite Liot, épousa, vers 1783, M. François-Joseph Malepeyre, receveur de l'octroi à la barrière du Trône.

Leur fils fut receveur principal des Postes à La Rochelle.

De son mariage naquit :

Ernest Malepeyre, receveur principal des Postes à Périgueux, qui épousa Mlle de Langlade (1).

Ils eurent un fils et une fille, savoir :

1. Edouard Malepeyre, inspecteur des eaux et forêts ;

2. Madame de Frémont, née Louise Melepeyre.

Revenons à Charles-François Liot, nous avons dit qu'il naquit à Paris le 5 septembre 1768. Il entra d'abord chez un notaire, puis, en 1785, un ami de son père, M. Ducartre, officier du régiment du Port-au-Prince, étant venu en France par congé, fit naître en lui le désir de passer à Saint-Domingue dans l'espoir d'y faire fortune. Il y partit en 1786 du consentement de sa famille, et avec M. Ducartre (2). Ils s'embarquèrent au Hâvre, sur le « Phénix », joli trois-mâts armé par la maison *Fortin :* capitaine *Godefroy*.

Parmi les passagers de ce navire se trouvait *Mademoiselle Méhul*, parente de M. *Lorquet*, administrateur général des Postes de St-Domingue, qui allait, sous la conduite d'un tuteur, dans la colonie pour y contracter avec le dit M. Lorquet un mariage arrêté depuis long-temps. (Plus tard elle devint veuve et M. Liot l'épousa.)

M. Liot arriva au Port-au-Prince le 22 Juillet 1786 muni de lettres de recommandations pour plusieurs négociants de cette ville, entre autres MM. *Mathieu, Thouron, Colombel*, etc... il fut accueilli par tous avec intérêt. Son plus zélé protecteur, celui dont l'amitié se soutint tant qu'il vécut fut M. *Mathieu*, il lui offrit et le força d'accepter un appartement chez lui et sa table, puis il le fit présenter à l'intègre M. *Barbé de Marbois*, intendant, lequel admit Ch.-F. Liot dans ses bureaux où grâce à la bonté de *M. Wante*, directeur, il devint chef de bureau à 6,000 fr.

_____

(1) Son père, colonel de gendarmerie, avait épousé la veuve du comte de la Croix qui de son premier mariage avait un fils, le comte de la Croix, syndic des faillites à Béziers.

(2) Cet officier fut pour M. Liot un excellent ami, malheureusement il ne devait pas rester longtemps au Port-au-Prince, il fut envoyé en garnison au môle Saint-Nicolas. De retour au Port-au-Prince, il résolut de prendre un congé pour passer en France se marier; pour cela il convint avec le chirurgien-major qu'il irait à l'hôpital militaire où quelque temps après ce dernier lui délivrerait un certificat constatant que sa santé réclamait un séjour au pays natal. Mais à peine à l'hôpital il fut atteint d'une fièvre contagieuse et en mourut.

En 1792 il remplaça M. Wanto comme chef du mouvement des fonds et trésorier des Invalides, il avait su se faire un ami de M. de Proissy, intendant, successeur de M. de Barbé-Marbois et ses divers traitements formaient un total de 20,000 fr. par année. Il n'avait alors que 24 ans !

Malheureusement l'avenir se dessinait de plus en plus sombre, les noirs s'agitaient, un terrible orage allait éclater sur St-Domingue. En 1794 les Anglais prennent la colonie, et M. Liot se réfugie aux Etats-Unis d'Amérique (1).

Arrivé aux Etats-Unis à la fin de 1794 avec une lettre de recommandation de M. de Proissy pour M. de la Forest, consul général de France (2), M. Liot fut nommé secrétaire du Consulat général.

En 1796 un nouveau ministre plénipotentiaire, M. Adet, son ami, le nomma consul par intérim, à Philadelphie près les Etats de Pensylvanie et Delaware avec exequatur du Président Washington.

Le 28 juillet 1798, Ch.-F. Liot, épouse Mᵐᵉ veuve Lorquet, née Méhul, qui avait d'immenses propriétés à St-Domingue. Jusquelà M. Liot n'avait possédé dans cette colonie qu'une seule plantation (3).

---

(1)   MARINE ET COLONIES
                       De par le Roi,
Le Ministre, secrétaire d'Etat au département de la marine et des colonies,
Certifie que, d'après des pièces authentiques déposées au bureau du Personnel des Colonies, les services de M. Liot (Charles-François), à St-Domingue, sont constatés ainsi qu'il suit :
Commis au Port-au-Prince dans les bureaux de l'Intendance sous les ordres de M. de Barbé-Marbois, le 1er août 1780 ;
Chargé des magasins du Roi et des approvisionnements de la colonie en 1787 ;
Chef des fonds et trésorier des Invalides en 1792 a cessé ses fonctions le 5 août 1794 pour se réfugier aux Etats-Unis d'Amérique.
                              Paris, le 25 février 1810,
·Pour ampliation :   Le ministre,
Paris, le 3 juillet 1810,   Signé : LE VICOMTE DU BOUCHAGE.
Le ministre de la marine
      et des colonies,
Signé : BARON PORTAL.
Par Monseigneur — le Directeur des Colonies, signé : EDME MAUDUIT.

(2) Plus tard, pair de France.

(3) Au nom du gouvernement de la République,
Le ministre de la marine et des colonies certifie à qui il appartiendra d'après la vérification des colons notables nommés à cet effet que le

Le consul, M. Adet, avait été remplacé par M. Letombe, et le consulat de Philadelphie supprimé, M. Liot reprit son titre de secrétaire en chef du Consulat général avec 1,600 gourdes d'appointements (1).

---

citoyen Charles-François Liot, Françoise-Charlotte Méhul son épouse et leurs enfants sont propriétaires d'immeubles dans la colonie de Saint-Domingue et les renvoie à se pourvoir vers le Ministre de l'Intérieur pour obtenir, s'il y a lieu, les secours accordés par le gouvernement.

En foi de quoi il a délivré le présent certificat.

A Paris, le 21 Floréal an XII de la République Française,

Le ministre,

Signé : DECRÈS.

Par le ministre,

Le chef adjoint de l'administration générale des colonies,

Signé : E. PONCET.

(1) Correspondance :

RÉPUBLIQUE FRANÇAISE.

Consulat général près les Etats-Unis d'Amérique.

Philippe-Joseph Létombe, commissionné par la République française, son consul général près les Etats-Unis d'Amérique, ci-devant y résidant en cette qualité.

Au citoyen Liot, secrétaire en chef du Consulat général :

Citoyen,

Des affaires de service m'obligeant à m'absenter, je vous autorise en votre qualité et par suite de l'autorisation de M. le président des Etats-Unis, à signer comme moi-même dans toutes les circonstances.

Donné à Philadelphie, le 24 fructidor an VI de la République une et indivisible.

Signé : LÉTOMBE.

Vu par nous agent français à Baltimore soussigné.

Signé : LOUIS.

Le ministre des relations extérieures au citoyen Liot chargé par intérim du Consulat de Philadelphie :

J'ai reçu, citoyen, vos dépêches 1, 2 et 4, le choix qu'avaient fait de vous le ministre plénipotentiaire et le consul général pour exercer par intérim les fonctions de consul à Philadelphie est une preuve de vos talents. Je ne doute pas que les agents de la République dans les colonies ne vous fournissent les moyens d'être utile dans une carrière où vous vous êtes déjà montré avec succès. Les difficultés qui se sont opposées à ce que vous remissiez au citoyen Létombe les affaires du consulat ; aussitôt la réception de ma dépêche du 20 pluviôse me paraissent pleinement justifier la prolongation de votre exercice. Le consul général s'empressera sans doute d'y mettre fin aussitôt que cet

A cette même époque, le général Hédouville, capitaine général de Saint-Domingue, l'appela dans cette colonie pour le nommer ordonnateur en chef des provinces de l'Ouest et du Sud.

Laissant sa femme aux Etats-Unis, il partit. Arrivé au Cap, il n'y trouve plus M. Hédouville qui avait été forcé de revenir en France laissant la colonie au pouvoir du nègre Toussaint (dit Louverture). Il se rendit au Port-au-Prince où Romme, agent du gouvernement français, successeur de M. Hédouville lui offrit de l'emploi. Le nègre Toussaint, surnommé Louverture, fit de même. M. Liot refusa les offres du premier ne voulant pas servir sous un homme qui, par sa nullité, compromettait définitivement la cause française à Saint-Domingue; on concevra facilement qu'il n'accepta pas non plus les propositions du second.

M. Liot fit alors installer dans sa maison du Port-au-Prince une imprimerie qu'il avait achetée à M. Moreau de Saint-Merry, et apportée des Etats-Unis, il en donna la sous-direction à M. Lagrange, qui étant en même temps prête nom, eut un tiers dans les bénéfices. Elle servit à imprimer un journal qu'il avait fondé et qui soutenait

---

embarras momentané aura cessé. Vous aurez droit pour cet intérim à des indemnités.

Salut et fraternité,

Le Ministre : Ch. Delacroix,

Philadelphie, 10 prairial an VI.

Le citoyen du Pont au citoyen Liot :

Citoyen et ancien collègue,

Je n'ai pas voulu répondre à votre lettre du 3 de ce mois avant d'avoir obtenu du secrétaire d'Etat des Etats-Unis une décision relativement à mon exequatur; parce que de cette décision dépendait tout naturellement la mienne à votre égard. M. le président des Etats-Unis ayant refusé de me reconnaître j'ai pensé qu'il était de mon devoir de me rendre sur-le-champ auprès du Directoire exécutif; mais avant de partir je saisis avec empressement l'occasion de vous donner un témoignage de ma confiance, de mon estime et de mon attachement en vous assurant que si j'avais pris les fonctions de consul général je me serais trouvé fort heureux de pouvoir conserver un collaborateur aussi utile que vous et je ne doute pas que le citoyen Letombe, qui a été plus à même que moi encore d'apprécier vos talents, votre zèle et votre probité ne saisisse toutes les occasions de les rendre utiles à la République dans les dispositions que les circonstances présentes peuvent lui suggérer.

Salut et fraternité,

V. du Pont.

les intérêts français dans l'île. Mais M. Liot ayant été faire un voyage en France, Lagrange qui voulait devenir propriétaire de l'imprimerie écrivit à Mᵐᵉ Liot que cet établissement ne rapportait plus assez pour compenser les frais, il lui demandait de l'autoriser à vendre; ce que Mᵐᵉ Liot l'ayant cru s'empressa de faire. Le tout fut vendu une somme dérisoire. A son retour à Saint-Domingue, M. Liot apprit que le même Lagrange était l'acquéreur et qu'en moins d'une année l'imprimerie avait rapporté plus de quarante mille francs (bénéfice net).

Lagrange ne devait pas tarder à être puni, il fut massacré par les noirs et l'imprimerie devint la proie des assassins.

M. Liot profita de son séjour à Saint-Domingue pour visiter les domaines dont il était devenu possesseur par son mariage; il put se convaincre que malgré les temps troublés, l'ensemble représentait encore une valeur de plus de trois millions.

Pendant son séjour dans le Sud, la guerre éclata entre les généraux noirs Rigaud et Toussaint, dit Louverture; il vit plusieurs fois le premier duquel il était particulièrement connu, et auquel il avait rendu de grands services; après s'être convaincu qu'il n'y avait aucun rapprochement à espérer entre lui et Toussaint, M. Liot repartit pour les Etats-Unis.

Il apportait d'Haïti dix mille gourdes de traites tirées par M. Hue-Duquesmy, négociant, du Petit Goave, sur MM. Mallabey et Durand de New-York. Là-dessus, huit mille gourdes restèrent impayées par ces derniers.

Au même moment vinrent à échéance 110,000 livres de billets souscrits par feu M. Lorquet, premier mari de Mᵐᵉ Liot. Un premier versement de 10,000 livres fut fait et Mᵐᵉ Liot donna des traites pour le reste, cela sur le conseil d'un avocat de Philadelphie, M. Delage. Ces traites avaient été consenties à deux associés, M. Liot apprit bientôt qu'ils avaient dissout leur société et que celui à qui il avait payé, n'avait aucun droit pour toucher les billets qui, dans la liquidation, étaient échus en partage au second associé auquel le réclamant les avait tout simplement volés. Quant à l'avocat qui avait conseillé de payer, c'était l'amant heureux de la femme du voleur des traites.

Il y avait alors aux Etats-Unis un ancien ami de M. Lorquet, M. Christophe qui avait été receveur principal des postes au Port-au-Prince et tuteur de Mᵐᵉ Liot; la révolte des noirs l'avait privé de toutes ses ressources. Il connaissait les affaires de la famille Lorquet à Saint Domingue, aussi M. Liot ne lui trouvant pas une meilleure situation, lui remit une somme assez considérable de titres de créances sur diverses personnes alors dans l'île et l'adjoignit à ses fondés de pouvoir dans la colonie.

Rentré en France, M. Liot partit sur l'ordre du ministère avec M. Pichon le nouveau consul général, et fut nommé commissaire des relations commerciales à Philadelphie avec exequatur du président Jefferson.

Il remplit ces fonctions pendant 22 mois sans pouvoir obtenir ni le payement de (1) ses appointements, ni la confirmation de sa nomination. Enfin, après ce délai il apprend qu'il n'est pas compris dans la nouvelle organisation, et que c'est l'ex-conventionnel Florent Guyot, un des voteurs de la mort de Louis XVI, qui est nommé à sa place.

Le consul Pichon ne voyait dans sa position que l'occasion de faire fortune. M. Liot qui ne partageait pas sa manière de voir devint bientôt son ennemi, et c'est à lui que l'on peut attribuer les difficultés dont M. Liot fut entouré à Philadelphie. M. Pichon était aux Etats-Unis le meilleur agent de Toussaint, en effet, le général Leclerc, à Saint-Domingue, ne recevait de lui que de mauvaises farines ou du biscuit pourri pour l'armée : M. Pichon ne lui envoyait pas d'avis lorsque des ports de l'Amérique partaient des convois d'armes et de munitions pour les insurgés de Saint-Domingue.

Lorsque M. Liot apprit qu'il n'était pas compris dans la nouvelle organisation il se détermina à rentrer en France, ne voulant pas continuer de servir sous un homme qu'il ne pouvait estimer. M. Pichon fut assez infâme pour écrire à ses amis de façon à fermer

---

(1)   *Liberté, Egalité*

                                Paris, 5 brumaire an IX.

Le ministre des relations extérieures au citoyen Liot.

Je réponds, citoyen, aux deux lettres que vous m'avez écrites les 15 et 25 du mois dernier, j'apprends avec plaisir que vous vous êtes déterminé à accompagner le citoyen Pichon aux Etats-Unis, sur l'invitation qu'il vous en a fait ; le zèle et les talents dont vous avez déjà donné des preuves me persuadent que vous justifierez pleinement la confiance de ce commissaire et la mienne. Je ne puis, citoyen, prendre aucun engagement avec vous pour l'avenir ; mais vous devez être persuadé que le mérite des services que vous avez rendus et de ceux que vous êtes disposé à rendre encore ne sera pas perdu, et que je me ferai un plaisir lorsque les circonstances le permettront de vous obtenir du gouvernement la justice qui vous est due.

Salut et fraternité.

                        Signé : TALLEYRAND.

à M. Liot les portes du ministère. Du reste ce consul changeait d'opinion avec la plus grande facilité ; de révolutionnaire qu'il avait été, il devint bonapartiste, puis enfin royaliste et resta en grande faveur sous ces deux derniers gouvernements.

De retour en France, Ch.-F. Liot réclame ses appointements de commissaire à Philadelphie, on lui répond qu'on a décidé de les réduire de 15,000 fr. qu'ils devaient être à 6,000 fr. par an. Il est à remarquer que comptant sur 15,000 fr. il avait fait des dépenses en conséquence, et avait tenu à vivre sur un pied capable de placer le représentant de la France au premier rang dans cette ville.

Dans l'intervalle il eut connaissance de l'extraordinaire conduite tenue à Saint-Domingue par plusieurs chefs de l'armée du général Rochambeau, successeur de Leclerc. Ils firent saisir tous les revenus et toutes les récoltes des domaines de M. Liot après avoir mis les gérants hors d'état de s'y opposer ; il y avait entre autre cent milliers de café préparé et rentré en magasin, qui furent saisis sans indemnité pour les besoins de l'armée. En tout c'était une somme de 100,000 francs que le gouvernement ne voulut jamais acquitter. Quant à la maison du Port-au-Prince qui était la plus belle et la plus vaste de toute la ville, on en fit une caserne pour l'armée après avoir mis dehors tout ce qui s'y trouvait, et jamais on ne voulut en payer le loyer, qui était de 16,000 fr. par an. Voilà comment les blancs furent protégés à Saint-Domingue par ceux qui étaient chargés de les défendre. M. Liot était ami personnel du général Leclerc, aussi tant que ce capitaine général de la colonie avait vécu, ses propriétés n'avaient pas eu trop à souffrir.

Plus tard, lorsque Ch.-F. Liot se présentait au ministère de la marine, on lui répondait qu'il appartenait à celui des colonies, de là on l'envoyait aux affaires étrangères. Enfin le 7 mai 1804, il est envoyé à Boulogne en qualité de sous-commissaire de 1re classe aux approvisionnements de l'armée réunie pour envahir l'Angleterre. Le zèle et l'ordre dont il fit preuve déterminèrent le préfet maritime à le charger en chef de l'administration du port d'Etaples où était la gauche de l'armée commandée par le maréchal Ney avec lequel il se lia d'amitié. Puis il passa à Calais toujours avec le même grade. Enfin il reçut de l'Empereur sa nomination datée de Tilsitt au grade de sous-inspecteur de marine de première classe à Bordeaux (1807).

Arrivé là, il se trouve sous les ordres d'un inspecteur habitué à considérer son adjoint comme une machine à signature, or la loi qui crée les inspections de la marine prescrit à tous les agents de tout voir et de tout vérifier. M. Liot voulut le faire. Le ministre approuva

sa conduite qui était fondée sur les lois et les règlements et n'avait
en vue que l'intérêt du gouvernement, mais il se fatigua d'une lutte
incessante de tous les instants et demanda son changement. Il fut
envoyé à Brest (1807).

Depuis l'évacuation de la partie française de Saint-Domingue, on
ne parlait plus de cette colonie que comme d'un pays au pouvoir des
noirs qui s'égorgeaient entre eux, et dont on ne pourrait s'occuper
qu'à la paix. Le général Ferrand s'était réfugié dans la partie espa-
gnole avec les débris de l'armée française et s'y maintenait; mais on
ne lui envoyait de France aucun secours, on ne payait même pas ses
traites. Enfin les ennemis acharnés de Saint-Domingue se donnaient
grand peine pour laisser ce glorieux soldat succomber à son dévouement, et cependant c'était le seul homme capable de reprendre la
colonie. Enfin le général, cet émule du glorieux Montcalm, de la
Bourdonnais, de Dupleix, du comte de Lally, non moins malheureux
qu'eux, fut attiré à l'instigation de mauvais Français dans un guet-
apens odieux où il trouva la mort.

Les conspirateurs résolurent de faire tourner contre l'infortuné
général sa confiance dans ses troupes et sa bravoure, sur de faux
avis on l'attira hors des murs de Santo-Domingo, là il se trouva
enveloppé dans une embuscade, se voyant perdu et réduit à rendre
sa glorieuse épée aux insurgés il préféra se faire sauter la cervelle.

Sa veuve, née de la Chapelle, réfugiée aux Etats-Unis d'Amérique,
donna des leçons de français pour vivre; elle mourut à la Louisiane
en 1800.

Dupleix, Montcalm et d'autres encore ont leur statue; leur mémoire est vénérée de tous et Ferrand est oublié. Nous espérons que
notre appel sera entendu et qu'un monument ne tardera pas à rappeler à la France l'homme qui a su si glorieusement vivre et mourir
pour elle.

Pendant son séjour à Bordeaux M. Liot reçut la visite d'un ancien
ami, M. Gerbage, créole de Saint-Domingue, qui, ne trouvant pas
sa vie en France, se décidait à retourner dans la colonie; il venait
s'embarquer à Bordeaux sur un navire américain allant à New-York.
M. Gerbage arrivé aux Etats-Unis écrivit à M. Liot, pour lui donner
des détails sur le gouvernement de Pétion, et sur les évènements
dont l'ile avait été le théâtre, cela le décida à présenter au ministère
un mémoire (1), dans lequel il offrait de se charger d'une mission
secrète ou avouée auprès de *Pétion*.

---

(1) Ce qu'il avait déjà fait plusieurs fois.

Il lui fut répondu d'une manière évasive par le chef de la première division du ministère, et les choses en restèrent là.

Quelques temps après il se rendit à Paris, où le ministre refusa de le charger d'une mission à Saint-Domingue. Il lui demanda alors un congé d'un an pour s'y rendre. Sur ces entrefaites *le comte de Ségur*, grand-maître des cérémonies, très en faveur auprès de l'empereur, et qui avait d'immenses propriétés à Saint-Domingue, sut que M. Liot voulait se rendre dans cette colonie. Il vit à ce sujet le ministre Decrès (celui qui s'est tant distingué par sa mauvaise administration) qui promit que si Ch.-F. Liot revenait de Saint-Domingue avec d'utiles renseignements il lui ferait payer ses appointements et avoir en plus une forte indemnité.

Il partit emportant de nombreuses commissions d'anciens colons.

Nous citerons *Madame la duchesse de Duras*, qui l'avait prié de prendre des informations sur les propriétés qu'elle avait à Haïti notamment sur l'habitation *Vaudreuil*.

M. *de Rovigo* alors ministre de la police lui demanda la même chose pour les biens de *Madame de Rovigo, née de Faudoas*, et ceux de *M. de Faudoas père*.

Embarqué à Paimbœuf en 1813, sur une goëlette américaine à destination de Boston, M. Liot arrivé dans cette ville, prit passage sur un navire suédois dont il connaissait le capitaine, *M. Porthelly*; qui le déposa à Saint-Barthélemy, d'où il passa à Saint-Thomas. Il y rencontra un ami, M. *Farrouilh*, négociant, qui lui procura passage sur un bâtiment anglais qui se rendait à Jacmel, où il arriva en décembre 1813, enfin, il alla par terre au Port-au-Prince.

Dans cette ville il retrouva M. Gerbage dont nous avons parlé plus haut, qui était secrétaire particulier de Pétion, et un autre ami le général commandant l'arrondissement du Port-au-Prince et la garde du gouvernement, M. Boyer. Après avoir acquis la conviction que les chefs de l'île voulaient rester indépendants de la France et qu'ils étaient résolus à maintenir l'article de leur constitution par lequel aucun blanc ne pouvait posséder dans la colonie et après avoir recueilli un grand nombre de renseignements de la plus haute importance, M. Liot repartit pour les Etats-Unis (Janvier 1814), l'embargo l'y retint plusieurs mois. Enfin il partit pour la France sur une des corvettes qui étaient venues annoncer aux Etats-Unis la rentrée de Louis XVIII à Paris, ce navire, appelé *l'Olivier*, avait pour capitaine M. Galabert. Débarqué à Lorient, il se rendit de suite à Paris avec M. de Caraman arrivé par le même vaisseau.

Quelques jours après son arrivée il put lire dans les journaux une note dont voici un extrait : « M. Liot, ancien commis de l'Intendance à Saint-Domingue revient de cette ancienne colonie où il avait été chargé des affaires de M. de Rovigo. »

M. de Rovigo était exécré des royalistes et cet entrefilet était évidemment mis dans le but de nuire à M. Liot qui fit l'impossible pour en découvrir l'auteur, mais sans y parvenir. Il fit alors insérer la rectification suivante :

« Il est vrai que j'ai été employé dans l'Intendance à Saint-Domingue sous les ordres de M. de Barbé-Marbois. Il est également vrai qu'ayant obtenu du ministre un congé pour aller dans cette colonie où j'avais des propriétés j'y suis allé et ai été bien reçu par le général Pétion ; je pouvais y rester si je l'eusse voulu. Mais il est faux que j'ai été à Saint-Domingue envoyé par d'autres personnes.

« D'anciens propriétaires m'avaient prié de prendre des informations sur leurs intérêts et je ne vois pas pourquoi on cite M. de Rovigo plutôt qu'un autre. Au reste, placé sous les ordres du ministre, ce n'est qu'à lui que je dois rendre compte de mes démarches. »

M. Liot fut nommé en 1814 sous-inspecteur au bureau des Fonds à Paris. M. Decrès ayant repris le portefeuille des colonies, M. le comte de Ségur alla lui rappeler la promesse qu'il lui avait faite de payer à M. Liot ses appointements de l'année passée par lui à Saint-Domingue plus une indemnité, mais il ne put rien obtenir.

Pendant les Cent-Jours M. Liot fut nommé sous-chef de la division des Fonds au ministère. A la rentrée de Louis XVIII, il est mis en inactivité de service à demi solde et sa place est donnée à M. Portier. Et enfin il reçut avis qu'à partir du 1er janvier 1816 il était admis à prendre sa retraite comme sous-inspecteur, soit 800 fr

M. Liot, révolté de tant d'injustice, refusa. Il avait beaucoup de goût pour la peinture qu'il apprit de M. Boucher, son ami, et de M. Prud'homme, professeur à la Sorbonne ; on va voir combien cet art lui fut utile par la suite.

N'ayant plus rien à faire en France, il partit pour Saint-Domingue. Ayant quitté Paris en mars 1816, il s'embarqua au Hâvre sur le navire américain « la Comète », capitaine Ceuter. Il débarqua à New-York le 28 mai 1816 et en partit le 26 juin pour le Port-au-Prince sur la goëlette Gypsey, capitaine Story (1) et arriva le 23 juillet 1816.

(1) Nous conservons le portrait du capitaine Story.

Il y avait trente ans, jour pour jour, qu'il y débarquait pour la première fois, mais quelle différence et quel changement en si peu de temps !

Pour vivre, il se mit à peindre. Son premier portrait fut celui du président Alexandre Pétion (né au Port-au-Prince le 2 avril 1770). Puis il lui remit les portraits de l'empereur, de l'impératrice, du roi, de la duchesse d'Angoulême, ainsi que deux copies gravées du testament de Louis XVI et de Marie-Antoinette. Puis il fit, toujours en gravure, le portrait en profil de Pétion lui-même (1). Pour tout cela, il reçut une somme de mille gourdes, monnaie d'Haïti (3000 francs).

Il fit encore les portraits de divers particuliers. — Puis Pétion lui parla de lui faire exécuter les portraits en pied de ses généraux pour les placer dans une des galeries du gouvernement. Mais il lui fallait des couleurs, du vernis et des huiles ; il en demanda en France.

Pétion désirait avoir son portrait gravé en taille-douce et en médaille. Ch.-F. Liot fit avec M. Coufron qui se trouvait alors au Port-au-Prince comme subrécage d'un bâtiment, un arrangement par lequel ce dernier devait emporter en France le portrait de Pétion fait d'après nature pour le faire graver en taille-douce, et pour ses peines il devait avoir la moitié des bénéfices de la vente.

Mais un ouragan affreux eut lieu en septembre 1817 ; une épidémie en fut la suite. Pétion fut atteint, tout le monde ne pensait plus qu'à sa santé et la galerie qui devait recevoir les portraits des généraux nègres avait été découverte par le cyclone. M. Liot se détermina à quitter Saint-Domingue, d'autant plus que des commissaires français y étaient arrivés et qu'il était question de tout brûler et de tout détruire dans l'île si la France employait la force. Il part pour New-York le 20 février 1817 et y arrive le 5 mars, là il se remet à la peinture, mais ayant reçu de France les gravures et les médailles représentant Pétion, il se résout à retourner à Saint-Domingue.

Il prit passage le 19 mars 1818 à bord de la goëlette américaine *Mary*, capitaine Backer, mais en arrivant au Port-au-Prince il apprend la mort de Pétion. Son successeur, Boyer, qui avait été son ami était faux, lâche et hypocrite ; il ne fallait pas se fier à ses promesses, cependant il se résolut à le voir. Il se présenta comme Boyer se rendait au bain ; le président lui fit dire de revenir. Il le vit le lendemain, puis quelques jours après, Boyer lui fit comprendre en termes généraux mais dont il pouvait se faire l'application qu'il n'avait rien à

---

(1) Nous possédons encore deux exemplaires de cette gravure.

espérer. Il lui parla cependant de lui faire exécuter le portrait du général Borghella, mais le projet n'eut pas de suite. N'ayant plus rien à faire au Port-au-Prince, il partit pour Sant-Yago, île de Cuba, où il voulait voir l'ancien gérant de ses propriétés, qui y était devenu propriétaire. M. Cazemajor, négociant, le cautionna auprès du gouvernement comme cela est d'usage pour les étrangers.

Son ancien gérant, M. Lelièvre lui affirma n'avoir rien sauvé de son immense fortune à Saint-Domingue. M. Liot ne voyait pas souvent M. Cazemajor, car ce dernier avait pour associé M. Monnier, homme qui avait joui des propriétés de Mme Liot à Saint-Domingue, pendant que celle-ci et sa famille étaient absents de la colonie.

Enfin, tout semblait s'acharner contre les Français de Saint-Domingue. Une colonie, la plus belle de toutes, celle qui donnait chaque année 180 millions de produits à la France, ne devait-elle pas être détruite par les ennemis de la prospérité de notre nation, ou ceux des différents gouvernements qui, successivement présidèrent à ses destinées ?

L'obstination de M. Liot a vouloir aller à Saint-Domingue, chargé d'une mission, lui avait fait de nombreux et puissants ennemis.

Son courage aurait cependant dû lui attirer les sympathies ; lors de son premier voyage en 1813, les blancs étaient proscrits de l'île sous peine de mort ; il en revint avec des renseignements qu'on n'avait pas et qui fixaient enfin sur ce que l'on pouvait faire avec les noirs, et pour toute récompense on tente de le faire passer pour un agent de l'ancien ministre de la police du premier Empire !

Rentré en France en 1819, M. Liot entre à la Cour des Comptes (bureaux de vérification). Enfin en 1820 il est nommé contrôleur de la marine de 2e classe à la Guadeloupe.

En 1822 il est chargé de la mission qu'il demandait depuis si longtemps à Saint-Domingue. Il en revint avec de si précieux renseignements qu'il est nommé Chevalier de Saint-Louis (17 août 1822) et trésorier-payeur général de la Martinique le 28 mai 1823 ; enfin, chevalier de la Légion d'honneur le 10 août 1832.

Il cessa ses fonctions de trésorier de la Martinique le 30 juin 1836 où, sur sa demande, son fils fut nommé à sa place ; il continua de servir avec lui jusqu'à fin juin 1841, époque de sa rentrée en France ; il obtint son arrêt de quitus le 2 février 1842. Il était membre fondateur de la société des orphelins de Saint-Domingue.

Il mourut à Paris le 4 août 1842 et fut inhumé au cimetière Montmartre.

*Lettre de chevalier de l'ordre royal et militaire de Saint-Louis
en faveur de M. Liot (Charles-François)*

Louis, par la grâce de Dieu, roi de France et de Navarre, chef souverain, grand maître et fondateur de l'ordre royal et militaire de Saint-Louis, à tous ceux que ces présentes verront, salut.

Étant bien aise de donner au sieur Liot (Charles-François), contrôleur de marine de 2ᵉ classe, des marques de distinction en considération des services qu'il nous a rendus ; nous avons cru que nous ne le pouvions faire d'une manière plus honorable qu'en l'admettant au nombre des chevaliers de l'Ordre royal et militaire de Saint-Louis, institué par l'édit du mois d'avril 1693, étant bien informé des services ci dessus et qu'il professe la religion catholique, apostolique et romaine. A ces causes, nous avons fait, constitué, ordonné et établi, faisons, constituons, ordonnons et établissons par ces présentes signées de notre main, le sieur Liot, chevalier dudit ordre de Saint-Louis pour, par lui, jouir dudit titre de chevalier, aux honneurs et prérogatives qui y sont attachés, avec faculté de tenir rang parmi les autres chevaliers dudit ordre à dater du dix-septième jour du mois d'août de l'an de grâce 1822 où, en vertu des pouvoirs donnés par nous, il a été nommé et reçu chevalier dudit ordre par le marquis de Clermont-Tonnerre, ministre-secrétaire d'Etat au département de la marine et des colonies ; et de porter sur l'estomac une croix d'or émaillée, suspendue à un petit ruban couleur de feu et sur laquelle il y aura l'image de Saint-Louis à condition d'observer les statuts dudit ordre, sans y contrevenir directement ni indirectement et de se rendre à notre cour toutes et quantes fois nous le lui ordonnérons pour notre service et pour le bien et utilité dudit ordre.

Ci donnons en mandement à tous, Grands-Croix, Commandeurs et Chevaliers dudit ordre royal et militaire de Saint-Louis, de faire reconnaître le sieur Liot, chevalier dudit ordre, de tous ceux et ainsi qu'il appartiendra. En témoin de quoi, nous avons signé de notre main ces présentes, que nous avons fait contresigner par notre ministre-secrétaire d'Etat au département de la marine et des colonies.

Donné à Paris, le douzième jour du mois de mai, l'an de grâce mil huit cent vingt-trois.

Signé : Louis.

Par le Roi, chef souverain, Grand-Maître et fondateur de l'Ordre royal et militaire de Saint-Louis.

Signé : Le marquis DE CLERMONT-TONNERRE.

A M. Liot, trésorier de la Martinique, rue Saint-Maur, Paris.

COUR DES COMPTES

— Paris, le 16 juin 1823.

PARQUET

—

Je viens d'être informé, Monsieur, par Son Excellence le ministre d'État de la marine et des colonies qu'une ordonnance royale du 28 du mois dernier vous a nommé trésorier-payeur général de la Martinique, en remplacement de M. Armand qui a renoncé à cet emploi.

Je vous invite conséquemment à adresser requête à la Cour dont vous êtes devenu justiciable pour être admis à prêter devant Elle le serment exigé de tous les comptables, conformément à l'ordonnance royale du 29 juillet 1814, et cela dans le plus bref délai possible.

Cette requête doit être sur papier timbré et appuyée de copies dûment certifiées des actes de votre nomination et de l'inscription du cautionnement de soixante-dix mille francs que vous êtes tenu de fournir en ladite qualité.

J'ai l'honneur d'être, monsieur, etc.

Le maître des requêtes, procureur général,

Signé : ILLISIBLE.

Liste des fondateurs-adjoints du ministère de l'Intérieur pour les orphelins et orphelines de Saint-Domingue et des familles décédées depuis 1791.

Le comte Berthier de Sauvigny, directeur-général adjoint au ministère de l'Intérieur.

M. Moreau de Saint-Méry, secrétaire-général de la commission pour l'adoption des orphelins, dont les dix premiers sont à la nomination et disposition de Son Excellence, M. le comte de Corbière, ministre de l'Intérieur.

M. Liot, Trésorier de la Martinique et son fils, propriétaires réfugiés de Saint-Domingue, administrateurs en chef dans cette colonie, comme dans les bureaux du ministère de la Marine et des Colonies.

M. Lafon la Débat, père, député, propriétaire à Bordeaux, MM. Magnan, frères, administrateurs de l'enregistrement et des domaines de Bordeaux et Versailles.

M. de Champarmois, propriétaire réfugié de la partie de l'ouest de Saint-Domingue et administrateur de cette colonie et de la Caisse des dépenses de la Marine de la Trésorerie Royale, chevalier de l'ordre militaire de Saint-Louis.

M. Le Roux, payeur-général de la Caisse du ministère de l'Intérieur, chevalier de Saint-Louis.

L'ordonnateur Henri Perrond, retraité du ministère de la guerre, propriétaire réfugié de la partie sud de Saint-Domingue, chevalier de Saint-Louis.

M. Delaunoy, allié de M. Miot, directeur retraité des Droits Réunis.

C'est depuis 1792 que le commerce d'importation et d'exportation des Antilles a été entièrement abandonné aux Américains, pour juger des bénéfices immenses qu'ils ont ainsi réalisés, il suffit de savoir que pendant les années 1793-1794 et les quatre premiers mois de 1795 c'est-à-dire pendant 28 mois ils ont exporté des colonies 771.434 quintaux de denrées des îles ayant une valeur de...................... 111.530.991 livres tournois.

D'où, prix d'achat à déduire...... 89.617.241   —   —

Leur bénéfice net est donc,....... 21.913.750   —   —

Saint-Domingue produisait encore 80.000.000 de livres tournois par an, lorsque le général Leclerc y est arrivé. Il y avait porté des instructions conformes aux vues *bienfaisantes* du premier Consul, mais il a dû combattre d'abord :

1. Les Anglais, leurs agents et partisans ;

2. Les Anglo-Américains, leurs agents et partisans qui voulaient qu'on abandonnât Saint-Domingue aux Etats-Unis d'Amérique dont la richesse et l'importance croissante étaient dûes en grande partie au commerce que cette nation faisait depuis 1792 avec ces mêmes colonies ;

3. Les ennemis du gouvernement consulaire qui ont cherché tous les moyens de l'entraver dans sa marche et qui ont avec raison regardé la ruine des colonies comme le plus sûr moyen d'arriver à leur but.

Enfin les hommes avides d'or ont entretenu le désordre à Saint-Domingue pour s'y enrichir et furent ensuite les premiers à tromper le gouvernement sur le véritable état de l'île parce qu'ils craignaient que leur conduite fut dévoilée.

Il ne faut donc pas s'étonner que le général Leclerc entouré des hommes que nous venons de désigner ait été d'abord trompé sur les véritables mesures à prendre pour le rétablissement de la colonie. Mais le général Leclerc n'était pas de ceux que l'on pouvait abuser longtemps, il avait déjà chassé de Saint-Domingue les agents du gouvernement américain qui y résidaient en qualité de consuls grâce à un traité fait entre Toussaint dit Louverture et le président Adams, traité qui au mépris de la convention passée entre Bonaparte et les Etats-Unis avait renouvelé leurs pouvoirs entre les mains du nouveau président Jefferson. Ces agents avaient entretenu les chefs noirs dans des idées contraires aux intérêts de la métropole et leur avaient fourni des moyens de résistance. Aussi faisait-on hautement des vœux aux Etats-Unis pour le succès de Toussaint.

Enfin, le général Leclerc avait organisé l'administration de la Justice, et il allait déjouer tous les complots et toutes les intrigues, lorsque, pour le malheur de cette belle colonie la fièvre jaune l'enleva. Trop d'intérêts étaient attachés à cette existence pour que le mot d'empoisonnement n'ait pas été prononcé.

Rochambeau son successeur n'était pas à sa hauteur, il a d'ailleurs manqué des secours nécessaires pour terminer la guerre intérieure. La guerre avec l'extérieur est venue mettre le comble aux malheurs de Saint-Domingue.

Cependant si plus tard des hommes à ce intéressé n'avaient pas déconseillé des démarches auprès du gouvernement du général-président (le nègre Pétion), et avant l'organisation complète de son gouve .... ert, cette belle colonie n'aurait pas été perdue pour la France.

Tout aurait dépendu de la valeur et du mérite des envoyés de France.

Lorsque Louis XVIII dépêcha des commissaires, il était déjà trop tard. Depuis, l'influence américaine et anti-française ne cesse pas d'y augmenter. Une nouvelle nation l'Allemagne s'infiltre aussi à Saint-Domingue; et pour que les nègres ne puissent s'apercevoir de cet envahissement lent mais sûr qui tend à l'absorption complète de leur race, les Américains et les Allemands apprennent à ces noirs la haine de la France et le mépris des Français.

Mme Liot était fille de Nicolas Méhul et de Marguerite de Briel (noblesse lorraine); cette dernière avait un frère prêtre dans sa province d'origine.

Nicolas Méhul fut receveur des postes à Nancy, sa mère était née

Lorquet, et avait une sœur, Elisabeth, mariée à M. Eugène de Balthazard, mort avant 1786.

De son mariage avec mademoiselle de Briel, Nicolas de Méhul eut : une fille, Charlotte-Françoise-Marie, et un fils Hector-Nicolas qui fut receveur des postes au Port-au-Prince.

Charlotte-Françoise-Marie (dite Anaïs) Méhul, naquit en 1768 à Nancy, elle quitta cette ville pour Saint-Domingue en 1786, après avoir perdu son père qui se noya dans la Meurthe et sa mère, morte des suite d'un accident de voiture en 1785.

Partie de Nancy sous la conduite de son tuteur, et avec son frère qui resta malade à Paris où il mourut, elle s'embarqua au Havre sur le trois mât *le Phœnix*, capitaine Godeffroy, et arriva le 22 juillet 1786 au Port-au-Prince, où elle épousa son fiancé et cousin M. Antoine-Joseph Lorquet, administrateur général des postes de Saint-Domingue.

De ce mariage, naquirent :

Antoine-Louis, né le 14 mai 1788, mort en 1794, à 6 ans ;

René-Henry, né le 7 décembre 1790, mort à environ 15 ans :

Marie-Elisabeth-Virginie, née au Rochelois le 4 février 1793, non mariée, décédée à Paris le 14 mai 1811.

M. Lorquet était né à Briey (Lorraine), en 1747 ; il mourut en son habitation du Rochelois, commune de Saint-Michel, près le Fond des Nègres, le 18 mars 1794 (Lelièvre, son régisseur, déclara le décès) ; sa veuve prit l'administration générale des postes jusqu'au moment où un nouvel administrateur fut nommé.

Puis, en butte aux tracasseries des insurgés du Rochelois où elle habitait, elle se résolut à passer aux Etats-Unis d'Amérique. Elle partit alors de Léogane avec ses deux enfants, Henry et Virginie Lorquet et son amie Mademoiselle Louise-Hortense Baudin, créole de l'île. Ils s'embarquèrent sur le brick américain *le Polly*, capitaine Ogden, destiné pour Baltimore. Mais dans la nuit qui suivit le départ, ce bâtiment échoua sur les récifs du Rochelois (dans le golfe de la Gouave, Saint-Domingue). Parvenue à se sauver ainsi que ses enfants, Mademoiselle Baudin et le capitaine Ogden, ils repartirent de Petit-Goave le 1er juin 1796 sur la goëlette américaine *la Julia*, capitaine Nicol, destinée pour New-York, mais le 4 juin, ce navire étant par le travers du môle Saint-Nicolas, fut pris par une chaloupe armée, anglaise ; Mme veuve Lorquet débarquée au môle Saint-Nicolas put, quelque temps après, trouver passage sur le brick américain *Lively*, capitaine Noble-Awartz, qui la mena à Philadelphie.

Elle mourut le 4 février 1841 et fut inhumée au cimetière Montmartre à Paris.

Elle avait épousé en secondes noces, à Philadelphie, le 30 juillet 1798, Charles-François Liot ; témoins, Jean-Joseph Cossard, Philippe-Sébastien Christophe. De ce mariage naquirent deux fils et deux filles :

1. Elisabeth, née en 1797, non mariée, morte en 1870 ;

2. Charlotte-Françoise-Céline-Marguerite, baronne Trigant de Latour ;

3. Charles-Pierre-François Liot ;

4. Henry Liot, né à Choisy-le-Roi le 16 germinal 1804, mort à 3 ans, le 26 août 1807.

Charles-Pierre-François Liot, naquit à Philadelphie le 2 juin 1802, il succéda à son père comme trésorier-payeur-général à la Martinique et fut officier de la Légion d'honneur.

Il épousa Mademoiselle Ludlow, fille d'un des premiers avocats de Londres. De ce mariage naquirent deux fils, deux filles, savoir :

Constance, qui épousa M. des Gratz ;

Inès, non mariée ;

Malcom, mort à 17 ans ;

Edvin Liot.

LIBERTÉ ÉGALITÉ

COMMUNE CONTRIBUTION LOCALE St-DOMINGUE

DE PORT RÉPUBLICAIN POUR L'AN 7 DÉPARTEMENT DE L'OUEST

La Citoyenne Veuve Lorguet, maison n° 623-624.

Cote foncière	500 »»
Droits additionnels	12 10
Total	512 10

· Je soussigné, receveur de la commune du Port Républicain, recon-
nais avoir reçu de la citoyenne veuve Lorguet la somme de cinq cent
douze livres dix sols, montant de sa quote-part dans la contribution
locale sus-énoncée.

· Au Port Républicain, le 15 nivôse de l'an 7 de la République
française une et indivisible.

Signé : CHAMBELLAN.

LÉGION D'HONNEUR

Nº 591

Le grand-chancelier de l'ordre royal de la Légion d'honneur certifie
que M. Liot (Charles-François), trésorier de la Martinique, a été
nommé chevalier de l'ordre royal de la Légion d'honneur le 10 avril
1832, pour prendre rang à dater du même jour.

Paris, le 25 avril 1832.

Le maréchal de camp, secrétaire général de l'ordre,

Vicomte DE SAINEMARE.

MARINE ET COLONIES (1)

DE PAR LE ROI

Le ministre et secrétaire d'Etat, ayant le département de la Marine
et des Colonies.

Certifie que M. Liot (Charles-François), provenant de l'administration des colonies, a servi dans celle de la marine ainsi qu'il suit :
Savoir :

Nommé sous-commissaire de la marine de première classe au
port de Boulogne le 7 mai 1804.

Sous-inspecteur de première classe, le 20 juin 1807, a servi alter-
nativement en cette qualité aux ports de Bordeaux et de Brest;

Attaché aux bureaux de l'inspection, près la division des fonds du
ministère de la marine, aux appointements de 5.000 francs par an, à

---

(1) Toutes les pièces dont nous donnons copie dans cet ouvrage sont
dans la collection des *nombreuses* pièces que nous possédons sur notre
famille et ses alliés.

compter du 1er septembre 1814; sous-chef de ladite division avec
6.000 francs d'appointements le 1er avril 1815;

En inactivité de service du 1er août 1815 avec jouissance de la
totalité de son traitement jusques et y compris le 30 septembre
suivant, à demi-solde du 1er octobre 1815 au 31 décembre de ladite
année ;

Admis à prendre sa retraite, par décision royale du 20 décembre
1815, à compter du 1er janvier suivant.

En foi de quoi a été délivré le présent certificat.

A Paris, le 11 février 1816.

Signé : Le vicomte DU BOUCHAGE.

Par le Ministre,
Le commissaire de la marine, chef de la première division,

Signé : LE CARPENTIER.

TRESOR ROYAL

Certificat d'inscription sur le livre de cautionnements

Je soussigné, premier commis des Finances, directeur de la dette
inscrite, certifie que M. Liot (Charles-François), trésorier de la
Martinique, est inscrit sur le livre des cautionnements pour la somme
de 70.000 francs, montant de son cautionnement en ladite qualité
avec jouissance des intérêts.

Paris, le 1er juillet 1823.

Le premier commis des Finances,

Signé : ILLISIBLE.

CHAPITRE XIV

Branche de la Tour (suite). — Révolution de 1848. — Révolte de Pologne (1863).

VIII. Louis-Marie-François-Théodore baron Trigant de Latour comte de Brau, notre grand-père, naquit à Paris, le 13 mars 1820, il y mourut le 10 mai 1872, et fut inhumé au premier caveau de famille du cimetière Montmartre, à Paris.

Tout jeune, sa mère lui donna les mêmes répétiteurs que les princes d'Orléans, puis il entra au prytanée militaire de Menars, près Blois, dirigé par un ami de la famille, le prince Joseph de Chimay.

Sorti de l'école polytechnique (1830).

Il obtint, grâce à la bienveillance de S. A. R. le duc de Montpensier, fils du roi Louis Philippe qui voulait bien l'honorer lui et sa famille d'une amitié particulière, d'être envoyé en Algérie où il fit les campagnes de conquête.

En 1847, le général Lamoricière le prit pour son aide de camp. Le 24 février 1848, il sauva la vie de ce général dans les circonstances suivantes :

L'insurrection grondait dans Paris ; Lamoricière s'avance pour sommer les insurgés massés derrière les grilles du Carrousel de se retirer. Une grêle de balles lui répond,... il va être atteint, lorsque le lieutenant Trigant de Latour le couvre de son corps. Le général était sauvé, mais le courageux aide de camp avait le bras droit mutilé, son cheval effrayé s'emporte vers les révolutionnaires. Ceux-ci ferment les grilles, pensant que le cavalier et sa monture viendraient s'y briser, mais le lieutenant ne perdait pas son sang-froid ; malgré sa blessure, il parvint à tuer son cheval à temps, l'animal tomba, l'officier eut une jambe engagée sous lui ; les insurgés ouvrent les grilles et veulent tuer cet homme sans défense. Par bonheur se trouvait parmi eux un ancien brosseur du lieutenant, qui avait conservé le souvenir de la bienveillance que son chef lui avait toujours témoigné. Il s'opposa à ce qu'il lui fut fait aucun mal et le fit porter à l'ambulance (1).

Le soir, l'officier fut amené chez son père ; il voulut entrer dans l'appartement sans être soutenu, pour ne pas effrayer sa mère.

En récompense de cette action d'éclat, il fut promu capitaine d'artillerie et nommé chevalier de la légion d'honneur pour fait de guerre.

La blessure ne guérit jamais complètement ; aussi dut-il prendre sa retraite... il n'avait pas trente-deux ans.

Ingénieur civil, il inventa un bec à gaz à double système de courant.

Aux Etats-Unis d'Amérique, il fait le plan et dirige la construction d'une ville entière, Hempstead (Texas). Il fit la campagne du Monténégro comme aide camp du prince de ce pays. Ce roi vint plus tard le voir en Egypte.

Il parlait l'anglais aussi bien que le français. Ayant séjourné quelques mois à Londres ; il fournit des articles au journal *le Times* qui le firent considérer comme l'un des premiers journalistes de l'Angleterre ; la rédaction en chef du *Times* lui fut offerte, mais la Pologne opprimée se soulève (1863), il court la défendre. Nommé colonel général des dragons de la Pologne, il fait partout des prodiges de valeur.

(1) Garnier Pagès, *Histoire de la révolution de 1848.*

Un jour de grande bataille les polonais furent accablés sous le nombre, réunis autour de leur brave colonel, de minute en minute ils tombaient frappés à mort ; et quand le monceau des cadavres devenait trop haut on reculait un peu et le combat terrible continuait ; lorsque l'épée du colonel se brisait à force de frapper on lui en passait une autre et la lutte recommençait ; tout ce qui approchait à sa portée tombait mort. Il devenait le point de mire des fusils ennemis et son cheval reçut une balle au poitrail il fut blessé à ce moment d'un coup de sabre au côté ; il ne lui restait plus dès lors qu'à essayer de sauver sa vie. Ceux qui l'entouraient étaient des Russes ; ils fusillaient leurs prisonniers. Il franchit avec la plus grande peine le fossé qui le séparait du camp autrichien et remit son épée ; tous les officiers présents se découvrirent à ce moment devant le glorieux vaincu. Mais les Russes voulaient à tout prix avoir le prisonnier ; les Autrichiens furent obligés de les menacer de tirer pour les empêcher de venir le prendre. Emmené à Vienne, sa blessure guérie, il parvint à s'évader sous le costume d'une religieuse. Il alla aussitôt rejoindre le corps d'armée que la Pologne vaincue venait de reformer en Moldavie. Accablés sous le nombre, les derniers défenseurs de ce pays infortuné durent se réfugier en Turquie.

Il accepta ensuite le poste d'inspecteur général du transit et de la navigation au canal maritime de Suez, et collabora à plusieurs journaux de Marseille et de Paris.

Le gouvernement des Etats-Unis d'Amérique le nomma son consul à Ismaïlia (Egypte). (1).

En 1867, le grand-duc Constantin, frère du tzar, vice-roi de Pologne, voulut faire l'acquisition de chevaux arabes pur sang.

---

(1) Edmond About, *Le Féllah.*

Notre grand-père lui fut désigné comme étant tout
à fait compétent en la matière et comme étant le seul
européen ayant, avec une connaissance parfaite de la
langue arabe, l'amitié dévouée de tous les chefs arabes
nomades et des déserts de la haute Egypte.

Enfin pour cette raison, comme étant le seul européen
pouvant aller dans ces régions sans risquer d'y être mis
à mort par ces fanatiques.

Il ramena six chevaux payés trente mille francs pièce ;
quelques excellents cavaliers, comme M. Ferdinand de
Lesseps, M. Jules Guichard, aujourd'hui sénateur, notre
grand-père et notre père pouvaient seuls les monter, tant
ces étalons étaient fougueux. Ils furent embarqués à
Alexandrie pour la Russie.

La guerre de 1870 le trouve prêt. Il rentre en France ;
il est promu chef d'escadron d'état-major.

A la signature de l'armistice, *Gambetta* l'appelle à Bordeaux pour l'avertir que les travaux de formation d'un
grand camp retranché sous Valence, de la Drôme, allaient
commencer, et lui demander d'en accepter le commandement en chef avec le grade de général de division. La
nomination fut signée, mais quelques jours après on avait
connaissance des préliminaires de la paix, et le décret fut
alors annulé. Il mourut le 10 mai 1872, laissant de son
mariage une fille qui eut pour parrain le général de
Nansouty. Et un fils, Théodore-Charles, notre père.

CHAPITRE XV

Alliance avec la famille Raust

IX. — Charles-Théodore, baron de Trigant de Latour, comte de Brau, notre père, bachelier ès lettres, engagé volontaire pour la guerre de 1870-71, bien qu'ayant son remplaçant au service. Fait prisonnier à Orléans, évadé peu de temps après à Corbeil, repris aussitôt reconnu, les Prussiens devaient le fusiller lorsqu'il parvint à leur échapper de nouveau avec succès à Lagny.

Il n'a pas encore reçu la récompense qu'il est en droit d'attendre pour ces actes de courage.

Il épousa en 1874 Mlle Toussainte-Emilie Raust (1), d'où deux fils et une fille, savoir :

X. — 1. Aîné : Maxime-Théodore-Nestor, baron de Trigant de la Tour de Brau, né à Paris le 30 juillet 1875. Élevé chez les oratoriens du collège de Juilly, homme de lettres, auteur du présent ouvrage. Reçu membre du conseil héraldique de France le 26 janvier 1895, parrains : M. Aymar d'Arlot, comte de Saint-Saud, et M. René de Martin, baron de la Bastide Parcoul.

2. Louis-Joseph, né le 1er janvier 1877 à Paris, il eut pour marraine Madame Gras, née Rey, belle-sœur du

---

(1) Arrière petite-nièce du glorieux général Campi, de l'ambassadeur Campi, du cardinal Casamarta, vicaire général du Pape (frère de son arrière-grand'mère), etc.

général Gras, inventeur de l'ancien fusil de l'armée, étudiant en droit, bachelier ès-lettres et ès-ciences.

3. Anna-Marie-Alexandrine, née à Stains (Seine) le 17 février 1883.

CHAPITRE SUPPLÉMENTAIRE A

**La famille de notre mère en Corse, Provence et Pologne.
— Les Bonaparte, enfance de Napoléon Ier. — Le général
Campi camarade du futur empereur. — L'ambassadeur
André Campi.**

Notre mère appartient à une des premières familles de la Corse,
nous avons nommé *les Campi*. Originaire de Campo, près Ajaccio
(Corse), cette famille a pour devise *Campi tui replebuntur uber-
tate* (1).

Il y a lieu de croire que cette famille a une origine commune avec
les Campi de Gênes, de Crémone, de Milan, etc. (Italie), qui ont
produit tant d'*illustres* peintres, dont l'un, Antonio Campi, vivant
en 1580 et 1591, fut fait chevalier romain par le Pape.

Les peintres de Crémone, Galéas Campi, ses trois fils : Jules (père
de Galéas Curtius et Annibal), Antonio (le chevalier, père de Claude),
Vincent, sont des gloires pour la peinture italienne, de même que
Piétro Campi et surtout Bernardin, son fils.

On trouve Nicolas Campi évêque d'Ajaccio de 1477 à 1481.

François Campi de son mariage avec Marie-Thérèse Fracetto eut
cinq fils :

1. André ; 2. Sauveur ; 3. Toussaint ; 4. Laurent ; 5. Joseph.

Le premier naquit à Ajaccio (Corse) en 1764, il fut d'abord secrétaire en chef et chargé des fournitures militaires du département de
la Corse.

Secrétaire particulier de Madame mère, il vint en France avec elle
et devint bientôt chef de cabinet de Lucien Bonaparte, ministre de
l'Intérieur. A la nomination de ce prince comme ambassadeur à
Madrid, il le suivit avec le titre de secrétaire de ses commandements. Après le départ du prince pour l'Italie, André Campi lui
succéda comme ambassadeur de France près l'Espagne, il garda ces

---

(1) Armorial général de Rietstap, page 302.

hautes fonctions pendant quatre ans, de 1801 à 1808 ; appelé à Paris par l'empereur, il reçut en don de Lucien Bonaparte la terre du Plessis où était inhumée Madame Bonaparte, née Christine Boyer, première femme du prince Lucien.

Puis ce dernier appela André Campi à Canino et le chargea de conduire le prince son fils aîné au mariage de l'empereur avec l'archiduchesse d'Autriche Marie-Louise et de le ramener ensuite à Canino. Cette mission terminée, il continua de s'occuper des affaires du Prince, à Paris.

Extrait d'une pièce que nous possédons

A la fin des Cent Jours, le prince Lucien, obligé de quitter la France, chargea *André Campi* et *Michel Ange Ornano*, d'Ajaccio, de transporter son mobilier à Rome.

Le tout fut placé sur des charriots, Campi en fit expédier une partie par voie de terre à Rome et paya de ses deniers les frais du transport.

M. Ornano, chargé de l'autre partie, l'envoya à Marseille pour la faire passer à Rome par mer ; mais le tout fut apporté dans sa maison d'Ajaccio, qui était voisine de celle de *M. Sauveur Campi*.

Lucien Bonaparte, sachant tout cela, aimait par la suite Campi comme un frère.

Arrivé à Londres, le prince nomma André Campi, administrateur général de la principauté de Canino. Cependant comme il était en même temps chargé des affaires de toute la famille Bonaparte, à Paris, il se trouvait toujours entre cette dernière ville et Canino, ces voyages le fatiguaient beaucoup ; aussi, au bout de quelques années, demanda-t-il au prince Lucien de donner son poste à Canino à *l'abbé Mercantoni*, originaire d'Ajaccio et habitant de Rome, l'abbé garda ce poste trois ans. *Lucien Bonaparte* avait répondu que Campi pouvait faire tout ce qu'il voulait car tout ce qu'il ferait serait bien fait.

L'ancien ambassadeur avait été prévenu qu'il serait empoisonné. En effet il mourut subitement en mai 1819 et fut inhumé à Paris dans le parc de son hôtel des Ternes, ses restes furent déposés aux catacombes de Paris vers 1800.

L'hôtel Campi, à Paris les Ternes, comprenait comme parc tous les terrains de l'avenue Niel aux fortifications limitées par la rue Bayen et la rue Laugier.

Toussaint Campi naquit à Ajaccio le 31 octobre 1777 ; ses parents avaient leur habitation en face de la maison où naquit Napoléon Ier, aussi étaient-ils en relations suivies avec la famille du grand empereur.

Lorsque Napoléon n'était qu'un tout petit écolier le génie qui, plus tard, lui faisait gagner les batailles se révélait déjà dans ses amusements favoris ; il enrôlait tous les bambins d'Ajaccio, les divisait en deux camps ; chaque corps avait son général, ses officiers et ses soldats ; puis il commandait la bataille lui-même ; se jetait dans la mêlée et tapait ferme : coups de poing, coups de pieds pleuvaient, lorsque la fatigue était venue chacun rentrait chez soi ses habits en lambeaux.

Quelquefois aussi le petit personnage était un peu endommagé, et chose plus grave la classe était manquée ; fureur des parents qui se rendaient chez *Madame Bonaparte mère* et lui demandaient un châtiment exemplaire pour son jeune fils auteur de tout le désordre.

Il était sévèrement puni ce qui l'empêchait pas de recommencer à la première occasion. Et sa mère de s'écrier : Ah ! ce n'est pas Napoléon qu'il faudrait l'appeler, mais *rebellione* (mot corse qui n'a pas son équivalent exact en français, mais que l'on peut traduire par révolution).

Cependant ce qui la contrariait le plus, c'était les reproches des professeurs au sujet des études qui, pendant ce temps, n'avançaient pas.

Dans ses batailles peu sérieuses un des plus aimés camarades de Napoléon, était Toussaint Campi ; il frappait ferme aussi, car le jeune Bonaparte, au milieu des horions, lui cria souvent : Si je suis un jour empereur, tu seras général (1).

Et quand ce rêve d'enfant fut devenu la réalité, le nouvel Alexandre tint sa promesse ; Toussaint Campi, colonel d'infanterie, donataire sur le mont de Milan, rente 500 francs, le 19 mars 1808, — sur Rome le 15 août 1809, rente 4.000 francs, — est créé baron de

---

(1) Article publié par nous dans la *Gazette anecdotique*, numéro du 15 avril 1895. — Cette historiette, scrupuleusement exacte, nous a été racontée par notre arrière grand'mère, Madame Guyon, née Campi, nièce du général. Elle tenait de sa famille beaucoup d'autres anecdotes intéressantes qu'elle aimait à nous raconter. Nous eûmes le malheur de perdre le 30 juillet 1891 cette bisaïeule vénérée qui savait si bien faire revivre les temps heureux de sa jeunesse et de sa famille.

l'Empire le 15 août 1809. Armes : *Coupé au 1, de sinople à une gerbe d'or, canton de gueules à l'épée haute d'argent des barons militaires ; au 2 d'argent, à une sirène de carnation tenant de la dextre un miroir ovale d'azur monté d'or soutenue d'une mer de sinople* (1).

Nommé lieutenant d'infanterie le 1er février 1787, ayant été fait prisonnier le 26 mai 1799, rentré de captivité en 1801, il fut promu capitaine adjoint aux états-majors le 3 avril 1802, aide de camp du maréchal Masséna le 26 septembre 1805, nommé chef de bataillon le 22 février 1807, colonel du 26e d'infanterie légère le 26 mai 1809, adjudant commandant à l'armée d'Illyrie le 21 juin 1810, mis à la disposition du vice-roi d'Italie le 26 avril 1810, colonel du 65e d'infanterie le 4 août 1811, général de brigade le 12 avril 1813 exerçant le commandement de la 46e brigade d'infanterie au corps d'observation de l'Adige le 30 mai 1813.

Ajaccio a donné, il y a quelques années, à une de ses plus belles voies, le nom de rue du *Général Campi.* Nous possédons le portrait en uniforme du général, ce portrait a été prêté à l'exposition historique et militaire de la Révolution et de l'Empire, ouverte à Paris pendant les mois de mai, juin et juillet 1895.

Campi fut chargé par l'empereur de rapporter en France le riche butin de la campagne d'Italie; des merveilles d'art, des tableaux de maîtres, des diamants, des bijoux de prix, nombre d'objets de toute beauté. Lorsque tout cela fut en sûreté à Paris, le général vint pour rendre compte à l'empereur de sa mission.

Mais Napoléon le prévenant l'aborda par ces mots :

Eh bien ! Campi, je t'ai donné là un excellent mandat, tu es riche à présent, j'espère ?

Stupéfaction du général. — Riche, sire ! Mais pourquoi ?

Alors Napoléon ne cachant pas son déplaisir, lui cria : Ah tiens, va t'en, tu n'es qu'un imbécile.

Plus tard, le glorieux soldat aida à la fuite du roi Jérôme.

Le nom du général est inscrit sur l'Arc de Triomphe de l'Étoile (côté est), avec ceux des autres officiers supérieurs qui commandèrent en chef devant l'ennemi.

Mais l'empire qu'il avait si bien servi s'écroulait au milieu du fracas des batailles. Le génie de Napoléon en retarde en vain la chute, il ne peut l'empêcher. Louis XVIII rentre à Paris, Campi est

---

(1) Armorial du Premier Empire par le vicomte Reverend, page 174.

alors mis en non activité le 1er septembre 1814. Pendant les cent jours, il commanda à l'armée du Nord, nomination du 31 mars 1815. Dès sa rentrée, Louis XVIII lui fait offrir le commandement de la place de Lyon. Il refuse voulant rester fidèle à cet empereur infortuné dont il avait été l'ami. Mais il est nommé d'office inspecteur général de l'infanterie le 30 décembre 1818, par le ministère si libéral du duc Decazes, à la chute de ce ministre il est mis en disponibilité (1er janvier 1820).

Le gouvernement de Louis-Philippe, plus libéral, lui permit d'accepter de rentrer en activité. Il est nommé lieutenant général des armées le 27 février 1831, commandant des départements des Hautes-Alpes et de l'Isère le 15 mai 1832. Enfin, commandant de l'infanterie de Lyon le 31 mai 1832.

Il mourut dans cette dernière ville le 12 octobre 1832... on a cru qu'il avait été empoisonné.

Depuis plusieurs années, il ne se nourrissait qu'avec des œufs préparés par un domestique de confiance. Il n'y avait même jamais d'autres aliments chez lui. Et lorsqu'il gardait quelqu'un pour le repas, c'était toujours des œufs accommodés de toutes les façons que l'on servait.

Le corps du général repose à Lyon au fort Lamote, qui un instant porta le nom de fort Campi.

Campi fit les campagnes de 1797-1798-1799 avec les armées d'Italie et d'Helvétie, il fut blessé d'un coup de feu aux deux jambes à l'affaire d'Underwald le 4 septembre 1798, et d'un coup de baïonnette au côté gauche le 26 mars 1799; cette blessure fut cause qu'il tomba aux mains des ennemis; rentré de captivité en 1801, il servit à l'armée des côtes de l'Océan, 1804, — à celle d'Italie, 1805, — à celle de Naples, 1806, — à la Grande-Armée, 1807. En Allemagne, 1809, il reçut à Essling un coup de feu à la jambe droite (le 22 mai 1809), et trois coups de baïonnette à l'affaire de Znaïm le 11 juillet 1809. Il servit ensuite à l'armée d'Illyrie, 1810. Puis, pendant les années 1811-12-13 et 1814, en Espagne, Portugal et Italie. Blessé d'un coup de feu au pied gauche à la bataille des Arapiles le 22 juillet 1812 Il fit la campagne de Belgique pendant les Cent jours, et fut blessé à Waterloo (Mont Saint-Jean), le 18 juin 1815; c'était sa onzième blessure.

Lorsque Louis XVIII fut rentré en France après les Cent jours, Campi, mis en disponibilité, éprouva pour la première fois le regret de n'avoir jamais pensé à ses intérêts personnels, il ressentit les honneurs, des persécutions du gouvernement de Louis XVIII, à cause de ses opinions trop favorables à l'empereur. En 1819, son frère, l'ambassadeur, mourut en lui laissant toute sa fortune ; l'hôtel Campi et le domaine de Vauluisant faisaient partie de cette succession. Campi, qui n'avait aucune fortune auparavant, se retira à Vauluisant, et l'on voit encore à Villeneuve-l'Archevêque (Yonne), village où se trouve Vauluisant, dans l'église, un monument portant cette inscription : *Donné, en 1823, par le maréchal de camp baron Campi.*

Vauluisant, avant la Révolution, appartenait à l'ordre des Citeaux ; Saint-Bernard y séjourna plusieurs fois, François Ier y vint ; le domaine, qui a 201 hectares, est, ainsi que le château et la ferme modèle, la propriété de M. Javal, dont le père l'acquit en 1835 du baron François Campi, neveu et héritier du général, pour la somme dérisoire de 70.000 francs (Ajudication du 10 mai 1835, par devant maître Dumoulin, notaire à Villeneuve-l'Archevêque.)

A Monsieur le Maréchal, Ministre de la Guerre.

Monsieur le maréchal,

Le lieutenant-général baron Campi est mort à Lyon dans l'exercice des fonctions de son grade.

Ce brave militaire, ancien aide de camp du vainqueur de Zurich, s'est signalé par une valeur éclatante pendant les longues guerres de la République et de l'Empire.

J'ai fait provisoirement déposer les restes de ce noble vétéran de la Grande-Armée dans le fort Lamote nouvellement construit et au pied du château de ce nom. La famille a annoncé l'intention de lui faire ériger un monument sur ce terrain même, afin d'honorer dignement sa mémoire. Je voudrais, monsieur le maréchal, que le fort de Lamote portât, désormais et en vertu d'ordonnance royale, le nom de Fort Campi.

Agréez, monsieur le maréchal, l'hommage de mon respect.

Le lieutenant-général, commandant la 7e division,
Signé : Baron DE LORS.

Le 14 octobre 1832, la garnison de Lyon rendit les derniers honneurs au lieutenant-général baron Campi ; l'armée et la France entière étaient attristées de la perte du brave et modeste soldat qui ne réclama jamais aucune gloire pour sa belle vie et voulut seulement que ses amis et ses compagnons soient les seuls à connaître sa valeur. Doué d'une âme simple, ardente et énergique, le général resta longtemps auprès du pouvoir suprême, toujours digne et sans faire jamais aucune démarche contre sa conscience, ni ses opinions. (Article du *Courrier français*, n° 299, du 25 octobre 1832.) Il ne sollicita jamais rien pour lui, on sait en effet qu'il n'eut aucune fortune jusqu'au jour où l' perdit l'ambassadeur son frère; de plus, il n'eut que trois décorati   ce sont : Officier de la Légion d'honneur le 10 janvier 1814 ; —   r de Saint-Louis le 14 septembre 1814; chevalier de la Couronne de fer le 15 mars 1814.

Glanons encore quelques notes dans l'article du *Courrier Français*.

« Il débuta dans la carrière militaire à 18 ans, nommé par Bonaparte sous-lieutenant. Le 26 mai 1799 au moment de l'investissement de Turin par Souwarow, il défend presque seul l'entrée de l'arsenal contre un nombre considérable d'Autrichiens et de Piémontais et ne cède que lorsqu'un coup de baïonnette vint le renverser. Fait prisonnier, il est interné à Bâde, il recouvra la liberté à l'époque du traité de Lunéville. Choisi pour aide de camp par Masséna, on voit dans les *Mémoires du général Pelet* quelle part active Campi prit dans la campagne de 1809. C'est à son intrépidité que fut dû en partie le succès d'Ebersberg. Plus tard à Ebelsberg où fut donné un des exemples les plus remarquables d'acharnement dont ait parlé l'histoire, Campi alors colonel était en tête de nos colonnes avec le fougueux *Cohorn* qui ne put le surpasser en bravoure. Il supporta avec Masséna la rude épreuve d'Essling et y fut blessé à nouveau. En 1809 l'empereur le nomma colonel du 26° légers comme tel à Wagram il fait partie de cette fameuse colonne qui défila audacieusement par bataillons serrés en masse sous le feu d'une artillerie formidable et au milieu des charges de la cavalerie autrichienne. Dans un des moments les plus critiques de ce mouvement on lui commanda de faire redoubler le pas accéléré, alors on entendit sa voix forte et doucement énergique commander sans le plus léger signe d'émotion, *soldats ! pas ordinaire.* Les boulets éclaircissent les rangs, Campi toujours en avant est le plus exposé, commande à chaque instant : Serrez les rangs, à Kornembourg, à Stocheran, à Hollabrun, il est placé aux postes les plus périlleux.

A Znaïm il lutte encore contre des forces supérieures et tombe percé de plusieurs coups de baïonnette.

En 1810 il est auprès du prince Eugène en Illyrie, en Espagne à la tête du 65° de ligne il se trouve aux Arapiles, combattant jusqu'à la dernière extrémité, criant aux siens : Soldats, *il est plus beau de mourir sous ses drapeaux, que de fuir pour les sauver des ennemis,* il est blessé.

Son sang-froid décida de la brillante affaire de Geistritz ; à Minero, il seconde brillamment le général Verdier et lorsque toute résistance devint inutile dans la Péninsule il contribua a maintenir dans le devoir une population soulevée et une armée que ne retenait plus d'autres liens que l'énergie des chefs. »

Campi est mort ! ainsi est disparu encore un des monuments de nos victoires, il emporte dans la tombe le souvenir de la France entière, car sa vie ne fut qu'une longue épopée de gloire et de lauriers, tout cela pour la France !

Le colonel Paron, parent de Masséna, s'était engagé au 65ᵉ avec une lettre de recommandation de Masséna pour Campi alors colonel de ce 65ᵉ, le colonel Paron, racontait que la bravoure de Campi à l'armée d'Espagne était devenue légendaire, et que le soir au bivouac, les anciens racontaient aux nouveaux arrivés les hauts faits de leur colonel et concluaient en déclarant qu'il était brave comme son épée.

Le cœur du général fut placé à Paris dans le tombeau de son frère André et transporté aux Catacombes vers 1890.

Le général ne s'est pas marié.

Joseph Campi, son frère, ne contracta pas non plus d'alliance. Laurent, leur frère, n'eût qu'une fille mariée à *M. Sabadini*, d'où naquit *Mᵐᵉ Oliviéri*, et Louis Sabadini, décédé, père du *docteur Sabadini*, ancien agent sanitaire de France à Jérusalem, marié à Alger le 25 octobre 1881, avec Mademoiselle *Mathilde Frigara*, d'où un fils, une fille.

Sauveur Campi, notre trisaïeul, naquit à Ajaccio en 1773, il fut nommé le 4 avril 1812, directeur général de l'Assistance publique de la Corse ; il était propriétaire du Jardin de la Chapelle des Grecs (Mont-Carmel), à Ajaccio. Il fut promu chevalier de l'Ordre des Deux-Siciles, le 28 septembre 1815.

Nous, Joachim NAPOLÉON, Roi des Deux-Siciles, avons décrété et décrétons ce qui suit :

Article Premier. — M. Sauveur Campi est nommé chevalier de l'ordre des Deux-Siciles.

Art. 2. — Le grand chancelier de l'Ordre est chargé de l'exécution du présent.

Donné à Ajaccio le 28 septembre 1815.

Signé : Joachim NAPOLÉON.

Sauveur Campi, épousa *Marie-Thérèse Casamarta* (ce nom veut dire de magnifique maison), appartenant à la plus haute noblesse de la Corse, et sœur du *cardinal Casamarta* premier nonce, premier camérier, vicaire général de Sa Sainteté. *Mademoiselle Casamarta,* leur sœur, était mariée à *M. Beverini,* ils eurent *Jean Beverini,* avocat, licencié en droit, juge au tribunal d'Ajaccio ; de son mariage avec *Mademoiselle Vico* (1), il laissa :

1. Dominique, préfet de l'Eure ; 2. Jacques, docteur en médecine ; 3. Jean-Pierre ; 4. Benoît ; 5. Marie.

Sauveur Campi est mort vers 1850 à Ajaccio ; sa femme mourut à Neuilly (Seine), vers 1869.

De son mariage, Sauveur Campi eut douze enfants, dont six moururent jeunes.

Les autres à l'exception de deux filles (Mesdames Guyon et Bévérini), ne laissèrent pas de postérité.

Nous citerons :

1. Santo Campi, né en 1825, mort le 14 avril 1850, inhumé au caveau de famille du cimetière de San-Francisco, à Rio-de-Janeiro (Brésil), tombeau 1509.

2. Thérésine, née en 1831, alliée à M. Saupiquet, morte sans enfants au Havre le 5 avril 1887 ;

3. Le baron François Campi, né à Ajaccio en 1820, avocat, héritier à vingt-deux ans du titre et de la fortune du général, son oncle. Il ne tarda pas à tout perdre dans des spéculations commerciales et mourut vers 1881 à Rio-de-Janeiro (Brésil), il repose, au caveau du cimetière de San-Francisco, il n'était pas marié ;

---

(1) Mademoiselle Vico avait deux frères, le premier, Jean-Pierre, épouse Mademoiselle Chambault, d'où deux filles, savoir : 1. Marie, décédée, qui s'unit à son cousin-germain, Dominique Bévérini, préfet de l'Eure ; 2. Pauline, mariée à M. de Lapérouse, décédé, fils du général de ce nom, dont trois enfants : Léon, Jean, Pauline. — Madame Jean-Pierre Vico, née Chambault, devenue veuve épousa Jacques Vico, frère de son premier mari, sous-préfet ; ils eurent deux filles : 1. Jeanne, épouse de M. Descubes du Chatenet (excellente famille du Limousin ; 2. Jacqueline, mariée à M. Lefebvre-Desnouettes, officier, parent du général de division Lefebvre-Desnouettes, comte de l'Empire. Une autre branche de la famille Vico a pour chef actuel M. Vico, caissier général de la Compagnie du Midi, à Paris ; marié, dont postérité.

4. **Marie**, née à Ajaccio, en 1808, morte à Rio-de-Janeiro, le 5 mars 1868. Elle s'unit au *docteur Beverini* dont le petit-fils *Noël Beverini* est actuellement avocat à Buenos-Ayres (République Argentine);

5. Anne-Marie dite Nina Campi, née à Ajaccio, en 1821, épousa en novembre 1838, Adolphe-Gustave-Etienne *Prince Jerzmanowski* contrat passé devant maître *Laurent Péraldi*, notaire à Ajaccio, le 13 novembre 1838.

Le marié était fils de *Pierre Jerzmanowski*, et de *Cunégonde de Lamawiska*, son épouse. Le frère aîné de Pierre était général au corps polonais au service de la France, il mourut sans postérité. Tous deux étaient fils du général sénateur, nonce Jerzmanowski dont la principauté était située dans le grand-duché de Varsovie.

Député de la noblesse à la diète réunie le 19 avril 1773 pour voter le premier partage de la Pologne, sept de ses collègues et lui furent les seuls qui s'immortalisèrent en refusant malgré les menaces d'exil et de mort de signer l'acte de déchéance de leur patrie (Histoire de Pologne). Il était marié à Mademoiselle Lubomirska, fille du prince Lubomirski. Sa maison était alliée aux Leczinski, Poniatowski, Dolenga, etc...

Ses armes sont les mêmes que celles des comtes Dolenga, c'est-à-dire *d'azur à un fer à cheval d'argent les bouts en bas, sommé d'une croisette pattée d'or, et une flèche d'argent empennée d'or entre les branches du fer à cheval, la pointe en bas. Cimier ! un demi-vol d'argent percé d'une flèche d'argent empennée d'or la pointe en haut.*

Nina Jerzmanowska était d'une beauté remarquable, nous possédons son portrait, elle est morte sans enfants le 22 mars 1870 à huit heures du soir, elle repose au cimetière de Santo-Domingo Brésil; son mari exilé par le second empire pour républicanisme, mourut chef de bataillon dans l'armée turque vers 1860.

6. *Marie-Catherine Campi*, notre arrière grand-mère, naquit à Ajaccio, le 22 novembre 1814 et mourut à Stains (Seine), le 31 juillet 1891. Elle épousa à Ajaccio en 1833, Aimé-Bruno-Joseph-Antoine-François Jazon Guyon de Valbelle, armateur, né à Saint-Chamas (Bouches-du-Rhône), le 6 novembre 1800, mort à Ajaccio le 19 décembre 1839.

Son père, *Joseph Guyon*, naquit à Barbentane le 12 novembre 1751 du mariage de *Pierre Guyon* avec *Thérèse Raffin*, célébré en 1744 à Barbentane. Il eut pour parrain, Joseph Raffin, son aïeul maternel, et pour marraine, Jacqueline Guyon, sa tante.

Pour obéir à ses parents, il se fit prêtre et fut grand vicaire à Aix. Mais il saisit la première occasion de prouver ses idées républicaines, en embrassant avec ardeur les principes de la révolution, il s'engagea dans les dragons de la Montagne, Fournisseur des armées à Marseille, il acheta à la vente des biens nationaux; les forêts et le château de Valbelle (Var), la chartreuse et les forêts de Montrieux, le château et les domaines de la Z.anne Soublans, les Misserets, la Barrellère et Troubens, situés à Méaunes et à Signes (Var). Nous possédons une pièce qui certifie que ces biens sont la propriété de M. Joseph Guyon de Barbentane.

Il mourut le 26 décembre 1825, laissant de son mariage avec *Magdeleine-Sophie Bosse de Riauffret*, deux fils et une fille, savoir :

1. Aîné : César-Pierre-Joseph Guyon de Montrieux ;

2. Jazon-Bruno-Aimé Guyon, notre arrière grand'père, cité plus haut ;

Enfin Alexandrine, non mariée.

Le mariage de Joseph Guyon avec Mademoiselle Bosse de Riauffret était une alliance politique.

M. Guyon était l'âme du parti républicain à Marseille.

Les Bosse, au contraire, représentaient la vieille noblesse et le royalisme le plus pur.

Magdeleine-*Sophie Bosse* (1) *de Riauffret*, naquit à Lauris (Vaucluse) en février 1780, elle épousa à Méaunes (Var) *Joseph Guyon* le 15 fructidor 1795, et mourut à Marseille le 7 octobre 1844. Elle fut inhumée au cimetière Saint-Charles puis transférée le 12 avril 1870 dans le caveau de famille du cimetière Saint-Pierre de Marseille, au nord du carré quatorze, sixième rang, numéro vingt-neuf.

Elle était fille de Jean-François Bosse de Riauffret, avocat au Parlement d'Aix, notaire royal et viguier de Lauris, fils de Ignace Bosse, noble, bourgeois de Lauris, et de Marguerite Granier ; ils appartenaient à une illustre famille de la plus ancienne noblesse de Provence qui porte :

----

(1) Les Bosse portent : *de sable à un chêne d'or surmonté d'une molette de même.*

D'azur, a une tour ouverte et crénelée de quatre pièces d'argent, maçonnées de sable.

En 1321, les de Bosse sont déjà qualifiés chevaliers, mais la filiation suivie de cette illustre maison ne commence qu'en 1480.

Jean-François Bosse épousa Marie-Thérèse-Marguerite Paul de Lacombe (1), fille de Antoine-Paul de Lacombe, noble, bourgeois de Saint-Chamas, et de dame Marie-Françoise-Elisabeth de Laugier, d'où cinq filles :

1. Magdeleine-Ildephonse, mariée à Joseph-Laurent-Roustan, de Forcalquier ;

2. Magdeleine-Sophie, Mme Guyon ;

3. Thérèse-Lucie Zoé, épouse de Frédéric-Armand Archier, dont descend la famille Terris ;

4. Marie-Thérèse-Antoinette, unie à M. Millard, notaire ;

5. Marie-Anne-Elisabeth, non mariée.

Le fils aîné de Mme Guyon, née Bosse, César Guyon, naquit le 18 août 1797, de son mariage avec Mademoiselle Blanc il laissa *Madame Jocanitz* et *Jean-Baptiste Guyon,* décédé en 1873 après avoir épousé *Louise Roustan,* petite-fille d'une demoiselle Bosse et fille de *M. Roustan,* maire de Forcalquier, où il possédait le château de Fontauris, habité aujourd'hui par sa veuve et par son fils unique Alphonse, né à Fontauris le 19 août 1853, avocat licencié en droit, ancien conseiller municipal de Forcalquier, administrateur de la caisse d'épargne et du bureau de bienfaisance de cette ville, délégué cantonal, etc...

Du mariage de Bruno-Aimé Guyon avec Marie-Catherine Campi, naquirent un fils, une fille.

1. Émile Sauveur, mort à Marseille le 7 décembre 1889, inhumé au caveau de famille du cimetière Saint-Pierre ;

2. Joséphine-Aimée Guyon, notre grand'mère, née à Ajaccio en 1835, décédée à Stains (Seine) le 5 mai 1886. Elle épousa en 1851, à

---

(1) Par erreur, des actes de l'état civil portent Théron-Pau.

Ajaccio, *Nestor-Adolphe Raust*, d'où Toussainte-Emilie Raust, notre mère.

Nestor-Adolphe Raust appartenait à une famille originaire de l'Aveyron qui avait été illustrée par M. Raust, avocat général de la Cour des Aides de Paris sous Louis XIV, en 1669.

Jean-Pierre Raust, père de Nestor, naquit à Cablongue (Aveyron) le 18 avril 1795, il mourut à Lauzerte (Tarn-et-Garonne) le 17 octobre 1890, âgé de plus de quatre-vingt-quinze ans. Il était bachelier ès lettres, juge de paix, ancien précepteur dans la famille *de Gironde* (alliée aux Decazes), propriétaire à Saint-Nicolas-de-la-Grave et à Malauze, il épousa *Marie Belbèze* (à cette famille appartient le colonel Belbèze du 1er cuirassiers), d'où : un fils unique, notre grand-père Nestor Raust.

Le 1er janvier 1845, J.-P. Raust acquit le domaine et le château des Chartrons, aujourd'hui du Chartron, à Lauzerte (Tarn-et-Garonne), marqué sur l'annuaire des châteaux de France.

Le nom des Chartrons vient des religieux Chartreux, de Cahors. L'habitation fut bâtie vers 1513, en effet, à cette date, Germain de Ganay, évêque de Cahors ou son vicaire général, unit à la Chartreuse de Cahors le bénéfice de Saint-Symphorien, près Lauzerte, ses dîmes et sa vicairie perpétuelle. Des Chartreux desservirent cette église avec le titre de vicaires amovibles et leur habitation fut, plus tard, érigée en prieuré. On disait le prieuré des Chartreux et enfin, par corruption, « des Chartrons ». Les Chartrons passèrent ensuite dans la famille de Férussac. En 1786 naquit, aux Chartrons, le célèbre naturaliste André-Etienne-Just-Paschal-Joseph-François d'Audebard, baron de Férussac, mort en 1836, député du Tarn-et-Garonne (1830-1832), etc.

Un aimable chatelain voisin du Chartron, M. le comte de Combarieu, propriétaire du château du Grès, mort récemment, disait que le Chartron avait toujours été bien habité. En effet, il fut vendu vers 1820 par les *de Férussac* à la famille *de Calvinhac* (à laquelle appartient M. de Calvinhac, député).

Le docteur de Calvinhac fit vente du domaine à M. Pierre Raust.

Son fils, Nestor était né à Saint-Nicolas-de-la-Grave en 1825, il fut directeur des Postes, à Paris, et mourut au château du Chartron le 5 août 1879. Il repose à la tombe de famille du cimetière de Saint-Sernin, près Lauzerte, avec son père. Aujourd'hui le domaine du Chartron ne comprend plus que trente-six hectares de terres

environ, dont beaucoup de bois, il produisait, il y a peu de temps
encore, beaucoup d'excellents vins, mais le phylloxera a détruit
toutes les vignes. Les constructions, très vastes, comprennent un
pigeonnier (seigneurial) énorme *élevé à hauteur d'un étage sur
quatre piliers de pierre.* L'habitation des maîtres est flanquée au dos
d'une terrasse de 22 mètres de long sur 10 de large et au-dessous de
laquelle se trouve une cave de même longueur; au premier étage,
plusieurs pièces ont encore la forme de cellules.

Le domaine, qui renferme plusieurs carrières de pierre dure et
plusieurs sources, comprend une colline et deux vallées, La Combe
et Toueille ; sur le sommet de la petite montagne se trouve l'habita-
tation; en face on voit un autre fort monticule couvert de maisons,
c'est la ville de Lauzerte, séparée des terres du Chartron par la vallée
de la Bargualonne ; près de cette petite rivière se trouve l'ancienne
église Saint-Symphorien, propriété de la ville de Lauzerte, elle
tombe en ruines et le culte n'y est plus exercé depuis longtemps, ses
cloches lui ont été enlevées pour être données à l'église de Saint-
Sernin-du-Bosc dont Saint-Symphorien était devenue l'annexe dès
avant la Révolution de 1789 ; autour de Saint-Symphorien se trouve
un petit pré, c'est l'ancien cimetière, si la dite église est vendue
avec son ancien cimetière par la ville de Lauzerte ce sera pour
500 francs environ ! Saint-Sernin-du-Bosc se trouve, au contraire,
de l'autre côté de la colline du Chartron et dessert cette propriété
ainsi qu'un autre château, le Grès (comte de Combarieu, propriétaire). Le Grès fut, lui aussi, vers 1300, croyons-nous, un couvent
de Chartreux.

Cette église est mal placée et cela nuit à la prospérité d'un pays
que l'on déserte déjà à cause de l'éloignement du chemin de fer, qui
est à Moissac (22 kilomètres), et de l'abandon presque général de la
culture. Il avait été question d'en bâtir une nouvelle plus jolie et
mieux construite sur la hauteur du Chartron, mais ce projet a échoué,
c'est un malheur pour le pays.

L'autre château voisin du Chartron, Haut-Castel, a joué autrefois
un rôle prépondérant dans le pays, il est desservi par l'église de
Saint-Amand-de-Pellagal et appartient à Madame Gras, née Rey,
veuve de M. Léon Gras, ancien conseiller général du canton de
Lauzerte, érudit et savant, et au général Gras, commandant supérieur
de la défense, à Lyon, et inventeur de l'ancien fusil de l'armée.

CHAPITRE SUPPLÉMENTAIRE B

Des Trigan établis en Normandie que l'on croit de la même famille.

Une famille Trigan est connue en Normandie, elle a probablement supprimé le *t* final du nom.

Elle a été illustrée par l'abbé Charles Trigan, né au berceau de sa famille, le manoir de la Marche à Querqueville (Manche), le 20 août 1684. Docteur en Sorbonne, curé de la seigneurie de Digoville, historiographe français, mort à Digoville le 12 février 1764.

Il composa : La vie et les vertus de messire Antoine Paté, curé de Cherbourg et doyen de la Hague, 626 pages, Sauvel, éditeur à Coutances, in-12. Ouvrage écrit avec peu d'élégance, mais remarquable par la précision des détails historiques qu'il contient sur Cherbourg et ses environs.

Il publia ensuite l'histoire ecclésiastique de Normandie, livre mieux écrit que le précédent et plein d'érudition; quatre volumes au lieu de quarante-huit parurent en 1759 et 1761, la mort de l'auteur avait arrêté l'œuvre à l'an 1204.

Il avait rédigé une histoire des évêques de Coutances qui n'a pas été imprimée; le manuscrit était, en 1833, la propriété de M. l'abbé de Mons, ancien curé de Cherbourg, qui devait continuer l'histoire ecclésiastique de Normandie.

M. Trigan de la Marche, neveu du précédent abbé, avait trois fils et cinq filles.

L'un entra dans les ordres.

Un autre s'est trouvé sur la digue de Cherbourg, le jour de son écroulement (tempête du 12 février 1808). Cent quatre-vingt-quatorze personnes périrent, soixante-neuf échappèrent; il était parmi ces derniers et ne se ressentit aucunement de cette terrible aventure, cependant beaucoup de ceux qui avaient pu se sauver moururent.

Son frère, Jean-Charles-Auguste Trigan de la Marche, naquit au château de la Marche ; et eut pour parrain son grand'oncle, le célébre historiographe. Orphelin de bonne heure, pendant sa minorité et celle de ses frères et sœurs, la fortune de sa famille fut dispersée ou perdue. Il mourut à Querqueville le 3 juin 1797.

A dix-huit ans, il avait épousé Bernardine-Monique Claston, décédée dans la même commune le 22 novembre 1812, laissant :

A. — Jacques-Léonor-Alexandre, né à Querqueville le 15 août 1782, marié à Marie Brumann; et en secondes noces, à Saint-Germain-des-Vaux (Manche), le 19 janvier 1828 avec Adeloïde-Louise Vaultier.

Il eut quinze enfants. Nous citerons : une fille mariée et un fils Alexandre, vivant à Saint-Germain-des-Vaux, père d'une nombreuse famille.

B. — Jean-Louis, né à Querqueville le 23 février 1780, il épousa en 1807 Jeanne-Marie-Françoise Laurent, d'où :

Aimable-Virginie Trigan, née à Saint-Germain-des-Vaux le 18 janvier 1808; décédée à Cherbourg le 6 novembre 1889, unie le 15 juin 1831 à Jean-Baptiste Martin, leur fille Mme Meslin, vit.

Remarié le 22 février 1810 à Angélique Mesnil, Jean-Louis Trigan mourut à Flamanville (Manche), en 1821.

Il laissait de son second mariage :

1. Jean-Noël Trigan, né le 22 septembre 1810, maire de Saint-Germain-des-Vaux, sa ville natale où il mourut le 23 octobre 1888.
Il avait eu un fils Eugène, une fille Mme Allain.

2. Bonne-Marie-Françoise, née à Saint-Germain-des-Vaux le 7 janvier 1812.

3. Paul-Eugène-Maurice, naquit à Saint-Germain-des-Veaux le 30 novembre 1813, et mourut à (1) Chars (Seine-et-Oise) le 9 novembre 1892.
Il eut deux fils Maurice et Paul, une fille Marie-Suzanne-Ernestine.

A cette famille appartient une dame veuve qui habite Saint-

---

(1) Nous devons les notes qui concernent les Trigan à l'obligeance de M. Henry, professeur, secrétaire de la mairie de Saint-Germain-des-Vaux, il a puisé le tout aux archives de sa commune. M. Henry est l'auteur d'une histoire de la Hague.

Germain-des-Vaux, et signe son nom de naissance Trigant avec le t final.

Et Madame Caroline Trigan, religieuse de l'ordre de Saint-Paul-de-Chartres, dont la sœur Augustine est religieuse bénédictine de l'abbaye de Bayeux.

Nota. — Le gros dictionnaire Larousse donne sur l'historiographe Trigan une notice assez complète. L'annuaire de la Manche, année 1833, page 279, note plus de détails dans un article dont l'auteur est M. l'abbé Ragonide, régent de troisième au collège de Cherbourg, d'autres auteurs en parlent encore, citons seulement Victor Hugo dans les Travailleurs de la Mer.

NOTES SUPPLÉMENTAIRES

N... Trigant, avocat, juge de paix du canton de Saint-Médard-d'Eyrans. On a de lui « controverse entre un ecclésiastique et un homme de loi, sur l'élection de M. Pacareau à l'évêché métropolitain du Sud-Ouest de la Gironde en présence de plusieurs personnes de leur compagnie ». Bordeaux, Lavignac, éditeur (1).

---

(1) Extrait des « Notes biographiques », par Laloubie, bibliothèque de Bordeaux.

ERRATA ET ADJONCTIONS DIVERSES

Liste des fiefs (chapitre 1er), ajouter : *le Puch et autres lieux.* — le Puch est à Monbazillac (Dordogne). — *Bruant.* Appartient à M. Elie Ardouin et à Madame Trigant-Geneste née Ardouin. — *Gauthier.* Est la propriété de Madame veuve Fiichou et de Madame Barraud, sœurs de Madame Trigant-Geneste, née Ardouin.

Branche de Courthieu-Boisset

Page 19, ligne 23. — Lire vers 1698 au lieu de vers 1693.

Même page, ligne 32. — Lire Talleret de la Coste et non Calleret de la Coste. Et ajouter ligne 33 : Le mariage avait eu lieu à St-Michel de Bordeaux, le 10 janvier 1712.

Page 20, ligne 5. — Lire et quatre filles au lieu de tro's filles.

Même page, ligne 22 et suivantes.

1. Hélène, née en 1728, elle mourut à Ambarès le 5 octobre 1730.

2. N... (fille), née à Bordeaux le 27 septembre 1734, baptisée le lendemain en l'église Saint-André, parrain, Pierre Mallet.

3. Jean-Pierre, né en 1735.

4. Marguerite Trigant, fille de Bernard et de Marie Mallet, né le 10 septembre 1737, fut baptisée à Saint-André de Bordeaux le lendemain ; parrain, Mathieu Lasaphe, marraine, Hélène Richon-Trigant, aïeule paternelle, elle épousa en l'église Sainte-Colombe de Bordeaux le 13 mai 1755, *Guillaume Bessas de Lacotte*, né en 1710, maître apothicaire juré, grand syndic de la paroisse Sainte-Colombe, fils de *Jean Bessas de Lacotte* et de *Françoise Guilhemy*.

La famille *Bessas de la Cotte de Mégie* est très ancienne dans la Guyenne (Voir Bachelin-Deflorenne, état présent, 1887. Armorial de

Saint-Allais, tome Ier ; *Annuaire de la Noblesse*, par Borel d'Haute-rive).

Parmi les témoins au mariage Bessas de la Cotte-Trigant, on remarque : Joseph Despeyroul, écuyer, sieur de la Chatonie ; J.-B. Queyne de Carrère ; Pierre Trigant ; Jean Conseillant ; Veuve Duplantier ; Larrieu ; J. Clémenceau ; Garbay ; L'Ferbos.

Guillaume Bessas de la Cotte mourut à Bordeaux le 3 août 1782, et fut inhumé dans le chœur de l'église Sainte-Colombe.

De son mariage avec Marguerite Trigant, il laissait :

1. Marie-Delphine Bessas de Lacotte ; elle épousa à Sainte-Colombe de Bordeaux, le 31 août 1778, Jean-Baptiste Bessas de la Mégie, demeurant rue Sainte-Colombe, son parent au quatrième degré ; signèrent au registre : Guillaume Bessas de Lacotte père, — Jean Trigant-Boisset, oncle.

2. Jeanne-Thérèse Bessas de Lacotte, mariée le 24 novembre 1788, église Sainte-Colombe, à *Augustin Doubrère*, apothicaire-juré, fils de feu Barthélemy Doubrère, bourgeois, et de Jeanne Rouède.

Témoins : Delphine Bessas. — Regis Bessas de Lacotte. — Trigant, veuve Bessas de Lacotte. — Lacotte-Darles.

5. Guillaume, né à Bordeaux le 21 avril 1738.

6. Jean, né le 11 mars 1741.

7. Anne, née à Bordeaux le 18 juillet 1742.

8. Mathurin ou Mathieu, né à Bordeaux le 21 juin 1744.

9. Benoit, né le 4 juillet 1746.

10. Bernard, né le 19 août 1747.

Page 21 ligne 8, lire Gabriel-Marie-Albert.

Même page ligne 9, ajouter : *d* Marie-Ursule-Jeanne, née à Libourne le 25 mai 1815, décédée en janvier 1816.

Même page ligne 17, lire ils eurent un fils unique.

Branche du Petit Fort de Geneste.

3ᵉ Branche de Beaumont issue de Pierre de Trigant sieur de Geneste

Nous avons dit, page 28, que Pierre-André Trigant, sieur de Geneste (receveur de la principauté de Chalais en 1750), fils de

François Trigant du Petit Fort et de Marie du Périeu, eut de son mariage avec Anne-Germain : Jean-Michel, baptisé à Saint-Quentin-de-Chalais (Charente, le 18 août 1749.

Il est le même que Michel-Jean Trigant de Beaumont, mort à Châteauroux le 27 avril 1820, ancien directeur de l'Enregistrement et des domaines du département de l'Indre (exerçant en 1820), il ne laissait pas d'héritiers, le moniteur officiel convoqua les ayants-droit à sa succession. Ceux qui se présentèrent appartiennent à la branche du Petit Fort, cependant d'autres héritiers se firent connaître, ils étaient de la branche de l'auteur, cela s'explique par un tableau généalogique de la descendance des Petit Fort, dressé (par un notaire de Châteauroux), qui est complètement erroné et ne fait qu'un seul rameau des Petit Fort et de la branche de l'auteur. Dans ce tableau il était dit que Mᵉ Talbot, notaire à Cognac, possédait tous les renseignements relatifs à l'ascendance de ce Trigant.

Parmi les héritiers qui se présentèrent, on connaît (1) :

T. de Geneste, juge de Coutras................	1
Veuve Poisson (sa sœur)....................	1
Audebert....................................	1
Trigant de Noble-Cour......................	1
Formey Saint-Louvent......................	3
Malescot (frères et sœurs), à Libourne.......	4
Trigant de Gramont.........................	1
Delaye (frères et sœurs)....................	4
Veuve Roy..................................	1
Emery (frères et sœurs)....................	4
Le duc Decazes.............................	1

A cette branche appartiennent :

Laurent Trigant de Beaumont qui épousa Catherine Vandem Borême, d'où : Jean-Baptiste, né à Bordeaux le 2 frimaire 1795.

Page 35, ligne 30. — Lire : Elle fut alliée le 29 mars 1826.

Page 36, ligne 28 et 29. — Lire : capitaine commandant la gendarmerie à Bordeaux ; et ajouter : arrêté par ordre du comité de Salut public pour avoir ordonné à ses gendarmes d'appuyer le mouvement des paysans de la Gironde (et de Cadillac en particulier) en marche contre la convention et le dictateur Robespierre.

_____

(1) La somme touchée fut environ 1,800 francs par personne.

COPIE DE PIÈCE

CONVENTION NATIONALE

Séance du samedi 24 août 1793

Présidence de Maximilien ROBESPIERRE

Dartigoyte ; au nom du comité de sûreté générale; citoyens, le district de Cadillac (Gironde), mérite de fixer votre attention, etc.,etc., l'examen des pièces a fait connaître à votre comité que le receveur du district de Cadillac ainsi que quatre ci-devant moines dont deux administrent l'hôpital et deux autres le collège de Cadillac, sont des hommes très dangereux qui ont servi, autant qu'il était en eux, les projets des royalistes. On assure même qu'ils n'ont point prêté le serment civique. Il a pensé que vous deviez user de sévérité envers eux, de même qu'envers le citoyen *Trigaud* (sic), capitaine commandant de la gendarmerie nationale à la résidence de Bordeaux, qui a fait marcher un détachement de gendarmes pour se joindre à l'avant-garde de la force départementale.

. . . .
. . . .

DÉCRET,

ARTICLE III. — Le receveur du district de Cadillac et *Trigaud* (sic), capitaine commandant la gendarmerie nationale à la résidence de Bordeaux, sont et demeureront destitués de leurs fonctions. Ils seront mis en état d'arrestation à Cadillac, et les scellés seront apposés sur leurs papiers, etc.

Le projet est décrété et adopté.

Les pièces du procès devront être envoyées au comité de sûreté générale à Paris.

Le testament de Jean Trigant de la Croix, seigneur du Puch, vient d'être retrouvé.

Page 41, ligne 5. — Ajouter : (dans Monbazillac, vers 1780).

Branche de Batier

Page 55, lignes 6 et 7, lire : né en 1817, fils de Pierre Maurice, pasteur protestant, et de Jeanne-Elvina Rouanet.

Branche de la Fraigonnière

Page 45. — Supprimer les lignes 28, 29, 30. — Ligne 31, lire Jean-*Pierre*, etc.

Page 46. — Ajouter à l'article de Jean-Pierre Trigant de Gautier, notaire, il fut encore électeur à la Roche-Chalais, officier de marine en 1788. Et fit encore paraître, outre la *Vieille Noblesse* et la *Roture*, les ouvrages suivants :

En 1819, *Discours prononcé à l'assemblée générale des notaires de l'arrondissement de Ribérac (Dordogne)*, par J.-P. *Tringaud* (sic) ; Gautier fils, notaire à la Roche-Chalais, in-8°, 16 pages, Lewalle, imprimeur, Bordeaux.

En 1821, *Projet de navigation sur la Dronne depuis Ribérac jusqu'à la Fourchée-sous-Coutras*, par J.-P. Trigant Gautier, ancien officier de marine, in-4°, 48 pages, Lewalle, imprimeur, ouvrage dédié à M. Balguerie Stuttemberg, négociant à Bordeaux, chevalier de la Légion d'honneur.

1822, *Cause Célèbre*, parallèle de la conduite de M. Vigeant du Rigaleau et des syndics de ses créanciers, avec celle de l'auteur de cet écrit pendant les événements qui ont suivi l'arrêt de la Cour de Bordeaux qui réintégra le premier dans ses biens. 40 pages, in-4°, Lewalle, imprimeur, Bordeaux.

1829, *Quelques réflexions* sur les articles insérés par M. Henri Fonfrède dans les numéros 5,034, 5035, 5,036 de l'*Indicateur* sous les dates des 28, 29 et 30 décembre 1828, au sujet de l'ouvrage sur *les Routes et les Canaux*, de M. le baron d'Haussez, in-8°, 22 pages.

1829, *Dernières réflexions* sur les articles relatifs aux travaux publics qu'a publiés M. Henri Fonfrède dans l'*Indicateur*, les 28, 29, 30 décembre 1828 et 24 janvier 1829, in-8°, 32 pages, imprimerie Peletingeas, Bordeaux, prix : 0 fr. 50.

1832, *Élection municipale* de la Roche-Chalais (Dordogne), ou *Une Macédoine*, in-8°, 32 pages, Peletingeas, imprimeur, Bordeaux.

En 1832, *Le Coup de Grâce* ou des faits appuyés sur la vérité en réponse au dernier écrit de Desgravier, Bordeaux, Peletingeas, imprimeur, in-8° (catalogue de la bibliothèque nationale, biographie individuelle).

1838, *Régulateur pratique* sur la construction, la réparation et la conservation des chemins, canaux, etc., in-8°, Kléffer, imprimeur (1).

En 1831 il avait fait paraître *Mémoires* contre la commune de la Roche-Chalais relatif à la construction d'une église dans son chef-lieu suivi de réflexions sur la particule nobiliaire, les calomnies politiques, la navigation de la Dronne, les chemins communaux, et d'une invocation à Dieu, Peletingeas, imprimeur, rue Saint-Remi, 23, Bordeaux, 73 pages.

Nous donnons les extraits suivants de cet ouvrage extrêmement curieux.

Page 31. — La moitié de la Roche-Chalais et toute la partie au nord appartenaient au département de la Charente-Inférieure. J'en fis, avec le secours de M. de Belleyme, ingénieur-géographe, ordonner la réunion au département de la Dordogne pour faire de la Roche-Chalais le chef-lieu de la commune et lui donner son nom ; elle portait avant celui de Saint-Michel-de-Rivière. Il y aura bientôt 36 ans (1831) que par cette réunion je jetai les fondements de la prospérité de cette petite ville qui dès lors était le principal objet de mes méditations.

Et à la fin, page 68. — Au moment de l'arrêt, irrévocable du destin, lorsque la mort planant sur ma couche demandera sa proie pour la sortir du tourbillon de la vie, je pourrai dire : « Mes enfants parleront de leur père. » Je pourrai croire que mes concitoyens, alors reconnaissants, jetteront quelques fleurs sur mon tombeau en y gravant : Il s'oublia et vécut pour les autres.

Branche de l'auteur

Page 63. — Ajouter : Philippe Trigant de Brau a publié : *L'Ami des Femmes* (2), in-12°, Bordeaux, 1771.

Page 64, ligne 15. — Lire : Fille de Henri de Roberjot, greffier en chef de l'élection de Guyenne, propriétaire à Bordeaux, rue du Pas-St-Georges.

---

(1) Quérard, la *France Littéraire*, 1832, tome ix, page 551.

(2) Quérard, la *France Littéraire*, 1838, tome ix, page 551.

Page 66, ligne 9. — Lire : Pierre Séjourné, trésorier-payeur général des Basses-Pyrénées.

Page 69.— Ajouter : Dans les notes biographiques manuscrites, par de Laloubie, conservées à la bibliothèque de Bordeaux, on lit :
Auguste Trigan de Brau, on a de lui un *Éloge de Montesquieu*, (*Voyez les Feuilles*, de Labothière, libraire), fils d'un avocat *de ce nom*. Juge au tribunal de première instance de Bordeaux, nommé en 1811, conseiller à Bordeaux.

Page 68, ligne 26. — Lire : Wilhemine de Seiglière de Soyecourt, fille d'une princesse de Nassau Sarrebruchk, enfant du prince régnant, et de la famille du roi de Danemark. Remarque : Le dexxième, duc Decazes (Louis-Charles Amanieu), portait habituellement le prénom de Louis qui lui venait du roi Louis XVIII, son parrain.

Page 71. — Ajouter : Hélie-Joseph Trigant de Beaumont, est l'auteur d'une estampe allégorique qu'il présenta à M. d'Estaing, lors de son passage à Bordeaux, il était alors lieutenant de frégate (1).

Même page. Remplacer les lignes 28, 29, 30, 31 par : Comme tous les officiers de la marine française qui se signalèrent dans la guerre d'indépendance des Etats-Unis d'Amérique, il était chevalier de Cincinnatus. Pendant la Révolution, on le trouve à Bonzac, et les actes de l'état-civil le qualifient de cultivateur. En 1788, lieutenant-colonel enseigne aux gardes suisses de Monsieur (Louis XVIII), il est créé chevalier de Saint-Louis. Il est à remarquer que l'histoire de l'ordre de Saint-Louis, par Mazas, tome 3, page 273, rapporte ces faits, mais en appelant le général : *Jean-Pierre* Trigant de Beaumont, au lieu de Louis-Joseph-Élie ; il mourut à Bonzac, le 4 mars 1832.

Page 73, lignes 27 et 28. — Lire : Mère de madame Lemoine de Sainte-Marie, dont la fille, madame de Boispréaux, mourut le 12 novembre 1881.

Page 73, ligne 13. — Ajouter : Ils eurent 3 fils, Émile, Henri, Élie. Louis-Henri Trigant de Beaumont, licencié en droit, a publié,

_____

(1) Extrait de Laloubie, notes biographiques manuscrites conservées à la bibliothèque de Bordeaux. On y lit aussi que Onézime Trigant, procureur de Libourne en 1600 a laissé un recueil de notes historiques.

en 1893, *Dépopulation de la France*, in-8°. En 1875, *Législation de la Chasse, Un Guide manuel de Comptabilité.* En cours de publication, *Dictionnaire de médecine usuelle.*

Page 73, ligne 23. — Lire : Anne-Elisabeth, morte le 21 octobre 1885.

Page 74, note 1, ajouter : à M. Licaze — le château de l'Arc aussi à Bonzac, est devenu la propriété de M. Deligny.

Page 78. — lire : Cousins-germains maternels.
Messire Jean-Baptiste, Juge de Saint-Martin. Pierre-Jacquel, bourgeois, résidant au Port-au-Prince.
Cousins paternels :
Claude, Martin, etc.

Page 77, ligne 28. — Jean-François-Martin, demeurant à Bordeaux, rue du Chat-des-Farines, paroisse Saint-Pierre.

COPIE DE PIÈCES

Ministère de la Guerre

DOTATION DE L'ORDRE ROYAL ET MILITAIRE DE SAINT-LOUIS
ET DU MÉRITE MILITAIRE

Extrait du contrôle général des pensions ; n° 476 ; volume 1er ;
pension, 1,500 francs.

LE COMTE TRIGANT DE BEAUMONT (JOSEPH)
COMMANDEUR
Né le 10 octobre 1759

Inscrit pour une pension de 1,500 francs sur la dotation
de l'ordre royal et militaire de Saint-Louis, et du mérite
militaire, avec jouissance du 1er janvier 1827, en vertu de
la décision royale du 29 octobre 1826.

Le Conseiller d'Etat, Directeur général,
signé : Illisiblement.

A M. Formey Saint-Louvent, secrétaire général
de la préfecture de la Manche.

MONSIEUR,

J'ai reçu la lettre obligeante que vous m'avez fait
l'honneur de m'écrire. Colon de Saint-Domingue et
arrivé en France depuis seulement 7 ans environ, je suis
en quelque sorte étranger à une partie de ma nombreuse
famille ; mais d'après les détails que vous me donnez

relativement à mon oncle, M. TRIGANT DE BEAUMONT, *inspecteur général de gendarmerie* (1), qui, en effet, a été garde du corps de Monsieur. Je ne puis que penser avec vous que Madame votre épouse appartient à ma famille, et je suis trop flatté... etc.

signé : ANTOINE TRIGANT DE LA TOUR.

Paris, 8 mars 1817.

(1) En 1816 et 1817.

TABLE

NOMS DE FAMILLES CITÉES DANS CET OUVRAGE

A

Abzac de Mayac (d'), 36.
Adet, 110, 111.
Alezais, 91, 98.
Allain, 150.
Amelote (divers), 25.
Angoulême (d'), sieur de St-Germain
    et de Curat, 20.
Anjoy, 49.
Antin (la famille, d'), 70.
Archier, 146.
Ardouin (divers et notice), 15, 40,
    55, 56, 57.
Arlot de Frugie de La Roque (d'),
    16, 37, 41.
Arlot de Saint Saud (d'), 4.
Arnaud. 10.
Aubagnac (le chevalier d'), 87.
Aubert de Tourny (l'intendant d'), 50.
Auboy, 50.
Augey, 12.

B

Balbot, 41.
Balestard, 28, 31.
Balthazard (de), 125.
Ballue, 10.
Barbé de Marbois, 81, 82, 109.
Bardon, 28, 60.
Barraud, 10, 16, 17, 28.

Barrière (de), 28.
Bartholme, 11.
Bassuet, 56.
Battar, 30, 60.
Baudin, 99.
Beaujeu (Philibert de), 7.
Beaumont de Gibaud (de), 16.
Beaupoil (de), 10.
Belbèze, 147.
Belcier (de), 53.
Bellefont (de), 30.
Bellet, 11.
Belliquet (de), 28, 59.
Bercy (de), 83.
Béro, 70.
Berquin-Duparc (la famille), 77, 98.
Berthomieu baron de Mauvezin (La-
    caze), 98.
Berthoumé (divers), 44, 47, 59.
Bertrand des Brunais, 33.
Bessas de la Cotte et de la Megie,
    notice 20.
Beverini (notice), 143.
Binet, 57.
Bizat, 41.
Blaignis (de), 70.
Blanc, 110.
Blanchard, 21.
Blanchet, 78.
Boispréaux (de), 73.
Bonaparte (la maison de), 135 à 140.
Bonargue, 30.

Bonin de Matha, 21, 41.
Bontemps, 12.
Bonvallet, 82.
Borghella (général haïtien), 120.
Bosse de Riauffret (notice), 140.
Bouard (de), 30.
Bouchage (vicomte du), 00, 110.
Bouchard d'Aubeterre (baronne Anne, de la Roche-Chalais), 11.
Boucherat (de), 10.
Boulon, 28.
Bourcan, 50.
Bourseau, 50.
Boussier (de), seigneurs de Tour-Blanche), 38.
Boutfroy, 37.
Boyer (Président d'Haïti), 117.
Brachet (de), 64, 65, 00, 87.
Bragelongue (vicomtes de).
Brauwers (le capitaine Emile), 22.
Briel (de), 124.
Broca., 3, 4, 50.
Brondeau, 40.
Brossard (de).
Brouchard (de Servalles et divers), 47.
Burleigh, 55.

C

Cabrol, 68.
Cadouins (de), 28.
Calvinhac (de).
Cambry (de), 73.
Campi (baron et famille, généalogie), 135 à 148.
Capelle, 73.
Carbonnel (Voyez du Douët de).
Casamarta (la famille), 143.
Casa-Palacio (le lieutenant-général marquis de), 74.
Catheau d'Arriailh, 20, 31, 33.
Catherineau, 21.
Cazalès, 22.
Cazemajor de la Vieille, 120.

Chaize de Pressac (le chevalier de la), voyez de Pressac.
Chalabre (voyez Roger de), 73.
Chambault, 143.
Champarmois (de), 123.
Chapelle (comtesse de la), 70.
Chaperon (Jehan), 11.
Charlier, 71.
Chaucherie, 4, 22, 41, 55, 60, 61.
Chauvier, 12, 14, 27.
Chevillard (le généalogiste), 10.
Cheyron, 76.
Chimay (le Prince Joseph de), 120.
Christophe, 113.
Claston, 150.
Clion (du), 11, 12.
Colages (de), 28.
Colombel, 100.
Combarieu (comte de), 117, 140.
Comperot, 107.
Corbier, 50.
Corésie, 87.
Cortade, 70.
Cosset, 48.
Coste (de la), voir Talleret.
Couppé (du Best, de l'Isle), 76.
Courrech, 21.
Coustault, 63.
Courroy (du), 78.
Coustauld, 60, 61, 75.
Croisier, 20.
Crozes (Louis-Gaston), 57.
Cruol (du), 10.
Cursol (de), 30.
Cygne (du), 10.

D

Dabescat, 33.
Dalon, 28.
Damade, 53.
Damemme, 43.
Darieu, 74.
Deaugeard (le premier président), 9.
Da... (le lieutenant-général), 64, 60.

Decazes (généalogie générale; Michel, le duc Elie, sa descendance), 20, 28, 29, 38, 61, 64, 66 à 69, 85, 88, 91, 94, 97, 98.
Dehers, 87.
Delagarde, 10.
Delaunoy, 122.
Delpech, 70.
Déroulède (sieurs de Favard; la famille), 48.
Descloux (Pierre, sieur du Terme), 27, 53.
Descubes du Chatenet, 113.
Desgraviers (famille), 56.
Dieudefoy de Ravine, 60.
Dolenga (comtes), 141.
Donat (général comte), 74.
Douët de Carbonnel (marquis du), 60.
Drouhet, 18.
Drouilhet, 18.
Dubourg (Albert et divers), 3, 21, 85.
Dubreuil, 21.
Ducartre, 109.
Duffour, 56.
Dujardin, notaire à Neuilly, 73.
Duluc (la famille), 37.
Dumas (divers), 11, 12, 14, 15, 20, 26, 27, 46, 47.
Duperrieu, 27, 38, 67.
Dupuy, 10.
Durest, 77, 78.
Dusumier, 70.
Duverger (seigneur de Barbe, St-Cère, Lescarderie et autres lieux), 18.

E

Enon, 56.
Estaing (l'amiral d'), 71.

F

Falcier, 98.
Fargue (de la), 35, 47, 53.

Faudoas (de Rovigo), 117.
Faure, 10.
Faurès, 18, 20, 21.
Favereau, 31.
Fellonneau (l'historien), 10.
Ferchat (de), 41.
Ferdinand VII (le roi), 74.
Ferrachat (de), 41.
Ferrand (le général)
Flanet, 96.
Fontémoing, 49.
Forest (de la), 110.
Forest des Moulins, 33.
Formel, 46.
Formey Saint Louvent, 34.
Fournier, 11.
Fracetto, 142.
François, 44.
Frappier, 50.
Frémont (de), 109.
Frichon, 46, 55.
Frigara, 142.
Froidefond de Boulazac (de), 2.

G

Gachet, 10.
Gagnère, 21.
Galard-Béarn (comtes de), 64, 70
Galles (la princesse de), 6.
Ganivet, 37.
Gansford, 50.
Garnier, 55.
Gast, 46, 47, 55, 56, 60.
Gautier, 10.
Gayet, 22.
Gerbage, 110.
Germain, 28.
Gilles de la Bérardière, 33.
Ginestet, 21.
Gintrac (maison de), 64, 66, 75.
Giraldes de Casa Palacio, 74.
Glaise, 72.
Gobineau (de), 41.
Godefroy (capitaine), 109.

Gombault (le chevalier de).
Gonnin, 51.
Gorce, 56.
Goudicheau (de), 20.
Grailly (de), 28.
Granier, 140.
Gras (Mme née Rey, le général), 148.
Gratz (des), 120.
Green de St-Marsault, 18.
Grimard, 51.
Gros (sieurs de la Grave, de Haut-
    mont, du Duc, de Grand Pré et
    autres lieux), 14.
Guichard (le sénateur Jules), 132.
Guyon (notice), 144 à 147.

H

Hédouville, 112.
Henri III (Plantagenet).
Heuriet-Herlin, 37.
Hérier Pontclaire, 22.
Hobeniche, 73.
Hue-Duquesmy, 113.

I

Ichon, 20.
Ifs de Vipart (des), 78.
Israel (d'), 10.

J

Jacquet, 77.
Jaladon, 04, 08.
Jarosias, 11.
Jay de Laussac, 03, 04, 08.
Jeandon, 22.
Jerzmanowski (famille princière de
    Pologne, notice et armes), 144.
Jocanitz, 146.
Jorna de la Calle, 03, 04, 08.
Josset, 37.

Jourgniac (maison de Saint-Méard),
    notice; ses armes; seigneurs de
    St-Méard, St-Géraud et autres
    lieux, 17, 18, 20.
Joyeux, 48.
Juge de St-Martin (de), 77.

K

Kirwan (de), 70.

L

Labat, 56,
Labouisse, 44.
Lacaze, 20, 08.
Lacombe (voyez Paul de), 140.
Lafon, 27, 28, 20.
Lafont de la Débat, 122.
Lagrange de Puymories, 77.
Lamarzelle (de), 37.
Lamawiska (de), 144.
Lamoricière (le général Juchault de),
    120.
Lamothe (de), 30.
Lancastre (duc de), 6.
Lanes (de), seigneurs de Pommiers;
    la Roche-Chalais, 25.
Langlade (de), 100.
Langloix, 10.
Lanusse, 40.
Lapène, 73.
Lapérouse (de), notice, 143.
Lapeyre, 3.
Lartigau, 45.
Laugier (de), 140.
Laurière (de).
Lebeuf, 22, 30.
Lecouturier de la Motte, 107.
Lecun, 87.
Lefébvre d'Ormesson, 10.
Lefebvre Desnouettes, 143.
Lefebre Latour, 10.
Lerigé de Vermont (de), 54.

Le Roy, 43, 47.
Lesseps (Ferdinand de), 132.
Leymarie de Blassignac (de), 72.
Lewalles, 46.
Limouzin, 30.
Liot (famille, notice), 98, 107 et suivantes.
Loiseau, 58, 30.
Lorans, 12.
Lorquet, 97, 109, 110.
Loserve, 30.
Louis XVI, 83.
Lowenthal-Decazes (de), 69.
Lubomirski, 144.
Luzerne (de la), 81, 82.

M

Magnan, 122.
Magnitot, 74.
Malepeyre, 94, 98, 107 à 109.
Malescot, 30.
Mallet, 20.
Mantellier (de), 11.
Marcon, 73.
Marliani, 87.
Marsault (sieurs de Gautier ; de Chalaure ; de la Mauzène ; notice), 11, 12, 47.
Martel, 35.
Martin (de Campreignac ; de Bellefont ; de Bonably ; de Fonjaudran ; de la Bastide, 76, 77, 80, 87, 93, 97, 133.
Martin, 33, 66.
Martonnie (le général de la), 10.
Masséna, 138.
Mauroy (chapelain de la Reine), 108.
Mazene, 22.
Méhul 93, 94, 97, 109 à 111.
Meller (Pierre), 1.
Menetrier, 87.
Meslin, 150.
Mestivier (de), 10.
Métayer, 40.

Metivier, 55.
Meusnière (de la), 26.
Meynier de Eenelon, 53.
Millard, 140.
Millon (de), 11.
Miot, 122.
Mirambeau, 28.
Molans (de), 10.
Morceaux (de), 11.
Mongin (divers), 17.
Monot, 10.
Montalier, 28.
Montesquieu, 35, 69.
Montlaur (voyez Saint-Cyr de), 74.
Moreau de Saint-Merry, 112.
Moreau de Varège (notice), 39, 57.
Morin (de), 17, 18, 41.
Morin, 25.
Mothes (le frère Jean, chevalier de Malte, commandeur de Chalaure), 12.
Mouly, 22.
Muraire, 68.

N

Nansouty (le général de), 132.
Noaille des Bailles, 78.
Noble Awartz (le capitaine), 126.
Nozay, 10.

O

Olivier, 60, 63.
Olivieri, 142.
Orléans (duc, et la maison d'), 100 à 106.
Ornano (Michel-Ange).
Oudinot (le maréchal), 91, 92.

P

Panouse (le comte de la), 9, 10.
Paty (de), 28, 64, 65.

Paul de Lacombe, 140.
Péraldi (le notaire),144.
Péric, 40.
Perrin de Beaugaillard, 33.
Perrond (l'ordonnateur Henri), 123.
Péruse (de), 38.
Pétion (président d'Haïti), 117.
Petit de Goulard de la Séguinie, 11, 35.
Peychaud (notice), 37.
Peychiers, 70.
Peyrac de Gonvelle, 08.
Pèzères, 18.
Pichon, 114.
Plantagenet, 1, 2.
Poisson, 30.
Poitevin, 47.
Portalis (le baron de), 73.
Porte (Déroulède de la), 48.
Porthelly, 117.
Pressac (de), chevalier de la Chaize; notice, 11, 30, 41.
Princeteau, 00.

Q

Queyssac (de), notice, 63.

R

Rabaud, 00.
Raust, 147.
Reclus (la famille), 67, 00, 01.
Renard, 70.
Renat, 107.
Renault, 34.
Richon (de Richon, divers), 18, 10, 20, 40, 50.
Rigaud (général haïtien), 113.
Roberjot (de), 04, 05.
Robert, 45.
Rochefoucauld (de la), 47.
Rocher, 57.
Rocquet, 40.

Roger, 10.
Roger de Chalabre, 73.
Rougier, 12, 17, 50, 54.
Roustan, 140.
Rovigo (duc de), 117.
Roy, 10.
Royle (amiral), 7.

S

Sabadini, 142.
Sadou, 20.
Saint-Cyr de Montlaur (la vicomtesse de), 74.
Saint-Mars (le comte de), 01.
Saint-Marsault (voyez Green de), 18.
Sainte-Aulaire (de Beaupoil de), 08.
Sainte-Marie (Lemoine de), 73.
Salneuve (de), 70.
Sardelys (Deville de), 00.
Sarrau (de), 70.
Sartre, 87.
Saulnier (Yvonne), 74.
Saulnier d'Auchald, 08.
Saupiquet, 143.
Sautereau, 21.
Sauvage de Marens (de), notice, 04, 00, 08.
Sauvanelle (de), 20.
Séjourné, 64, 08.
Séguin, 15.
Ségur (de), 20.
Sens (de), 73.
Sermensan, 70.
Singer-Decazes, 00.
Souffrain (l'historien J. B. A.), 5, 0, 20, 29, 30.
Soulignac, 60.
Story (le capitaine), 118.
Surirey de Belle-Isle, 42.

T

Taillefer, 61.
Talleret du la Coste, 10.

Tallien.
Tasta (du), 73.
Terris, 140.
Thévenin (divers et notice; sieurs de Whoom, sieurs de Gouinelle), 12, 16, 17, 19.
Thouluire, 30.
Thuranceau, 40.
Titeca, 77.
Tour du Pin de Gouvernet (de la), Jean, chevalier seigneur de Paulin, marquis de la Roche, 43.
Toussaint, dit Louverture, 112 à 114.
Troque, 55.

V

Vacher (de), 66.
Valence (le général sénateur comte de), 88.

Van dem Boreme, 155.
Vaultier, 40.
Viard, 57.
Viault (la famille), 10, 27, 47.
Vico (notice), 143.
Vieillard de Boismartin, 31.
Vigeant (barons de), notice, 3, 45.
Vignaud (J.-Ch., sieur du), 15.
Villegente (de), 19.
Villèle (de), le ministre, 90.
Vipart (de).
Virolles (Reclus), 61.
Voisin, 20.

W

Wantes, 63, 91, 98, 100, 110.
Welles (D'), 73.

BERGERAC

Imprimerie Générale du Sud-Ouest (J. Castanet), 3, rue Saint-Esprit.

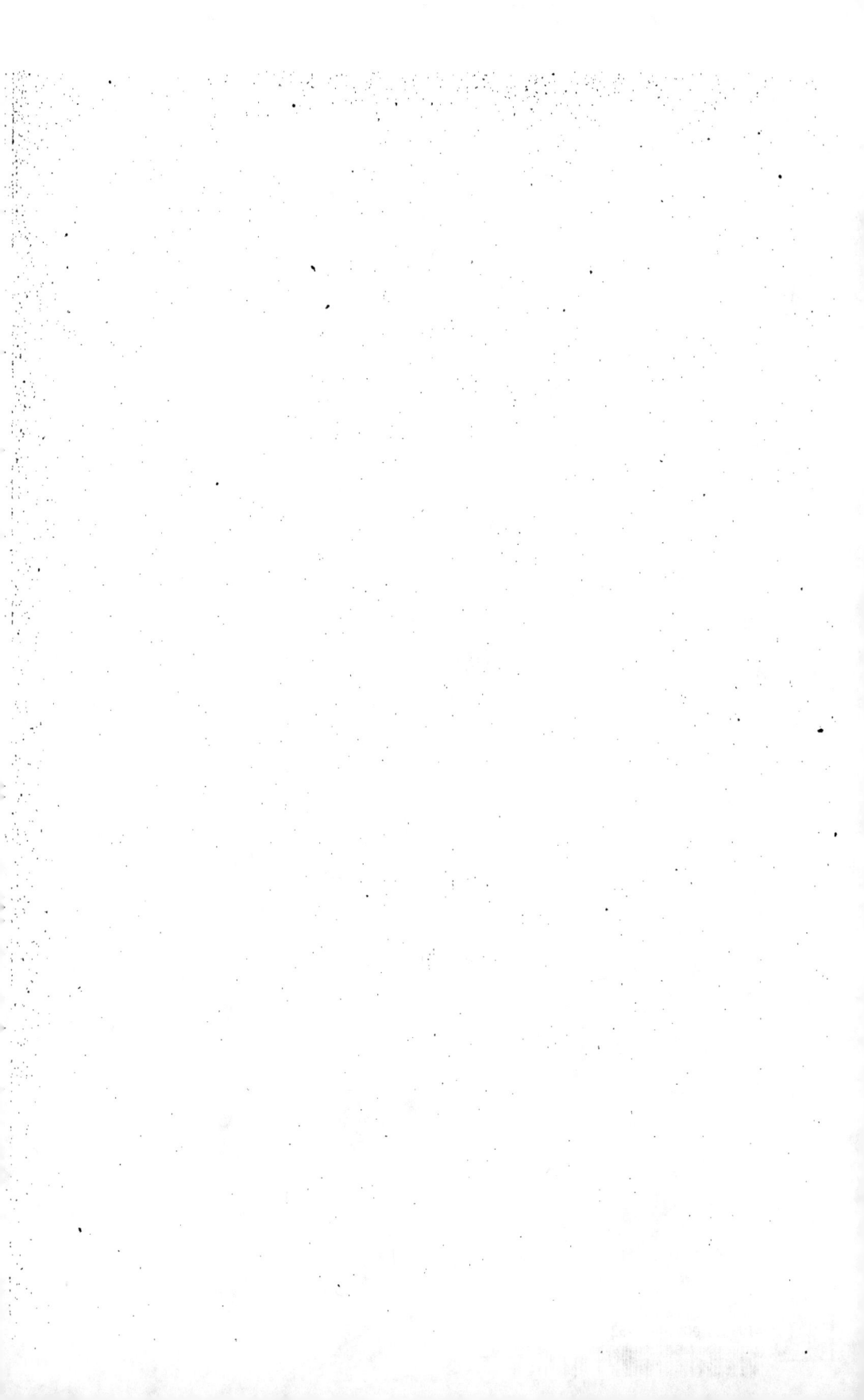

www.ingramcontent.com/pod-product-compliance
Lightning Source LLC
Chambersburg PA
CBHW072243270326
41930CB00010B/2252